喧嘩の流儀

菅義偉、知られざる履歴書

読売新聞政治部

新潮社

はじめに

永田町の首相官邸に隣接する旧官邸。関東大震災から6年後の1929年（昭和4年）に完成し、戦禍も免れたことで、戦前・戦後に繰り広げられた数々の政治史の舞台となった。2005年（平成17年）からは首相が住まうための「公邸」となっている。

その一室に、歴代首相62人の写真が掲げられている。安倍晋三首相の発案で、英国の首相官邸にならったという。31人ずつ2列にわたり、長州出身の元勲・伊藤博文、山県有朋から、安倍氏の祖父・岸信介、大叔父の佐藤栄作ら、そうそうたる顔が並ぶ。安倍氏の写真は2列目の一番右に位置する。

9月15日、私はこの部屋で、辞職を翌日に控えていた安倍氏に同僚とインタビューした。安倍氏は衆参同日選が「常に頭にあった」ことを明らかにするなど、7年8か月間を振り返った。菅義偉《すがよしひで》新首相に対しては「国や人のために、『全身全霊を打ち込む』という言葉通りの生活をしてきた」と持ち上げた。詳細は、9月18日、20、22、23日の読売新聞朝刊をお読みいただければと思う。

安倍氏はインタビューを終えて部屋を出る際、歴代首相の写真の前にしばし足を止めて感慨深げに見入り、「菅さんの写真も飾られるんだね」としみじみつぶやいた。

さらに、安倍氏は意外な人物の名前を挙げた。

「東条英機の写真もちゃんとあるんですよ」

いうまでもなく、東条は1941年（昭和16年）の日米開戦当時の首相だ。無謀な対米戦に踏み切った「A級戦犯」であり、東条内閣の一員だった岸信介とは後に対立した。それでも、歴史を直視しなければならないという考えがあったという。

安倍氏は、新型コロナウイルス感染拡大という、第2次世界大戦以来の危機に突然見舞われた。まさに非常時の首相となった。

2020年は戦後75年で、「令和」の時代が本格始動する年、そして夏には東京五輪・パラリンピックの開催と、日本史上、新たな歴史を刻む1年となるはずであった。

安倍氏自身にとっても、19年11月の憲政史上最長の通算在職日数達成に加えて、8月24日には佐藤栄作が持つ連続在職日数を超えるという、新たな金字塔が待ち受けていた。それがコロナ禍で、わずか数か月で世界は混乱の渦に巻き込まれ、安倍氏を取り巻く状況も一変した。

日本では、欧米の主要国などに比べれば感染者数、死者数とも少なく抑えられている。にもかかわらず、増えないPCR検査数などへの批判がやまず、安倍氏は実に147日も休みなしでの連続執務を余儀なくされた。活力の源としてきた外国訪問、ゴルフもできず、持病の潰瘍性大腸炎が再発して退陣に追い込まれた。

後継には、安倍氏の女房役である菅氏が「継承」を掲げて自民党総裁選で圧勝し、第99代首相の座についた。菅氏は第2次以降の安倍内閣で、北朝鮮のミサイル、大規模災害などへの対処を主導し、「危機管理能力に長《た》けている」との評がもっぱらだ。新型コロナはなお収束の兆しは見えず、菅氏もまた非常時の首相であることに変わりはない。

『戦時宰相論』という論文がある。戦時中、東条首相と対立していた衆院議員の中野正剛が1943年（昭和18年）、朝日新聞紙上で発表して東条を批判したものだ。東条は激怒し、後に特高を使って中野を拘束。この年、中野は自決に追い込まれた。安倍氏のもう一人の祖父で同じく衆院議員だった寛は「中野ほどの大人物はまずない。真の政治家である」と最大限の敬意を表していた。

『戦時宰相論』の中で、中野は「非常時宰相は絶対に強きを要する。されど個人の強さには限りがある。宰相として真に強からんがためには、国民の愛国的情熱と同化し、時にこれを鼓舞し、時にこれに激励さるることが必要である」と説いた。

そのうえで、理想とする非常時宰相として、三国志の英雄・諸葛孔明と、日露戦争時の首相・桂太郎を挙げた。桂も長州出身で、安倍氏に塗り替えられるまで首相在職日数が歴代最長だった。

孔明について、「非常時宰相は必ずしも蓋世の英雄たらずともその任務を果し得る」としたうえで、「彼は虚名を求めず、英雄を気取らず……、むしろ己の盛名を厭うて、本質的に国家の全責任を担っている」と評し、「彼は謹慎である。それ故に私生活も清楚である」と加えた。「敗戦の際には、国民の前に包まずその始末を公表し、自ら責めて、天下の諒解と忠言とを求めた。これがために士気かえって昂揚せられ、民その敗戦を忘る」との一文も興味深い。

桂に関しては、「むしろ貫禄なき首相であった」という。「山県（有朋）公に頭が上らず、井上（馨）侯に叱られ、伊藤（博文）公をはばか」ったが、講和に導いた小村寿太郎外相、日本海海戦でロシア艦隊を破った東郷平八郎連合艦隊司令長官ら「天下の人材」を活用し、「もっぱら実質上の責任者をもって任じた」と評価。講和に怒った暴徒による「日比谷焼き討ち事件」が起きたが、「窃かに国民に感謝して会心の笑みを漏らした」という。桂には世論の批判を真摯に受け止める度量があったということなのだろうか。

最後に中野はこう結んだ。「難局日本の名宰相は絶対に強くなければならぬ。強からんがためには、誠忠に謹慎に廉潔に、しかして気宇広大でなければならぬ」と。

安倍氏、菅氏が「非常時宰相」としてふさわしかったか、まさに「棺を蓋いて事定まる」であろう。しかし、非常時を生きる私たち国民にとって、選挙で負託した国政指導者について知ることはいつにもまして必要だ。

読売新聞政治部は、コロナ禍で対面がかなわないなど取材が難航する中、政府のコロナ対策と首相交代劇を報じ続けた。日々の紙面をもとに追加取材を重ね、加筆してまとめた本書をお読みいただき、「安倍・菅政権」の実像を知る一助にしていただければ幸いです。

令和2年（2020年）12月

読売新聞東京本社政治部長
村尾新一

喧嘩の流儀　菅義偉、知られざる履歴書　目次

はじめに

第一章
「俺は作る方。ぶち壊すのは河野」
――新政権発足 13

権力の頂点に
一変した官邸スタッフ
デジタル庁と「総経戦」
信じられるのは自分の目と耳だけ
日本学術会議「任命拒否」の舞台裏
仲直りさせる名人
長老に食ってかかる新人
無謀と勝算の狭間を
「うまく笑えねえ」

第二章
「菅さんからけんかを売られた」
――「令和おじさん」への逆風 53

「何で一番じゃないんだよ」
「菅は虚像が大きくなっている」
総理以上の厚待遇
二階を外すか、それとも……
「菅と今井のせめぎ合いだ」
菅原経産相の辞任
河井法相の辞任
燃えさかる「桜」
秋元ＩＲ担当副大臣の逮捕

第三章

「やるなら真っ正面から来い」
――新型コロナウイルス襲来

「甘利に刃向かう奴は俺がぶっつぶす」
コロナが封じた憲法改正
ダイヤモンド・プリンセス入港の裏で
自縄自縛の厚労省

第四章

「安定しない政権は支持されない」
——緊急事態宣言発令

「一斉休校」決断の舞台裏
対中配慮の代償
弓を引いた人間は決して忘れない
聖火を手に入れろ
ピント外れの〝アベノマスク〟
大炎上したSNS動画
公明党は「我々は断頭台に立っているんです」とすごんだ
つじつま合わせの「一律10万円給付」
息を吹き返した菅
宣言延長と出口戦略
「岸田は有事の総理じゃないね」と麻生はこぼした
宣言解除へ
＃検察庁法改正案に抗議します

第五章 「菅さんは目力が強くなった」
——8年ぶりの新総裁

政治家にとって会食とは
「歴史をまた変えてやろう」と安倍は決意した
安倍と菅の手打ち式
「第2波」到来
「Go To トラベル」実施の舞台裏
土気色の顔、うつろな表情
悪夢のシナリオ
二階の目から涙がぼろぼろとこぼれ落ちた
20分の密談
「大本命・菅」へのトリガー
勝者を待つ試練

おわりに

写真　読売新聞社
装幀　新潮社装幀室

喧嘩の流儀　菅義偉、知られざる履歴書

第一章　「俺は作る方。ぶち壊すのは河野」——新政権発足

権力の頂点に

「菅義偉君を本院において内閣総理大臣に指名することに決まりました」

２０２０年9月16日午後、首相指名選挙が行われた衆議院本会議場に、議長である大島理森《ただもり》の声が響きわたった。

目もくらむほどのカメラのフラッシュがたかれる中、議場内で見守る与党議員らの間から大きな拍手がわき起こった。満座の視線を一身に浴びながら、菅はおもむろに立ち上がると、議場の左右に体の向きを変えながら、5回にわたって丁寧に頭を下げた。首相として前途に待ち受ける重圧に思いをはせたのか、その間、笑みが浮かぶことは一瞬たりともなかった。

続く参議院本会議場でも、同様に菅が指名された。指名選挙で、菅は衆院で３１４票、参院で１４２票を得た。立憲民主党代表の枝野幸男は衆院１３４票、参院78票だった。約7年8か

月に及ぶ歴代最長政権を率いた安倍晋三から、菅へと首相のバトンが引き継がれた。

菅は、国会議員や首長を父に持たない。いわゆる「たたき上げ」だ。自民党で非世襲の首相は、1989年に就任した海部俊樹以来となる。

無派閥出身者が首相となるのは事実上、初めてだ。2001年の総裁選で勝利した無派閥の小泉純一郎は直前まで森派（現細田派）に所属していた。秋田県出身者の首相誕生も、史上初の快挙である。

菅は首相指名を終えると、16日夕に行われた皇居での首相親任式と閣僚認証式を経て、第99代首相として自民、公明両党による連立内閣を正式に発足させた。

首相官邸の職員たちは久々の主の交代に、準備で大わらわだった。前回の首相交代は2012年の民主党政権の野田佳彦から安倍への引き継ぎで、政権交代を伴ったため、必ずしも参考にできない部分が多かった。自民党政権内での首相交代は、08年に福田康夫からその座を受け継いだ麻生太郎にさかのぼる。安倍内閣が長期政権化するにつれ、当時の段取りを知る人間は少なくなっていた。

午後9時、皇居から戻った菅は官邸で首相就任の記者会見に臨んだ。司会役は新任の内閣広報官・山田真貴子が務めた。首相交代のドタバタで、山田は官邸内の移動に欠かせないIDカードの交付を受けていなかった。そんなことはおくびにも出さず、官房長官となった加藤勝信らとともに、演台のそでに控えて菅の到着を待った。

会場となったのは1階の記者会見室である。ここで菅は官房長官として第2次安倍内閣発足以来、通算3213回もの会見を重ねてきた。しかし、菅にとっては慣れ切っているはずの場所は、これまでとは少々趣が異なっていた。背後のカーテンはいつもの長官会見時の薄い青色ではなく、首相会見だけに使われる濃い青色に付け替えられていた。

モーニング姿で現れた菅はマスクを外すと演台の前に立ち、記者団と向かい合った。日頃は動じることがない菅も、さすがに首相として初めてとなる会見では、緊張の色を隠せなかった。一度、軽くせき払いをしてから発言を始めた。

「今もなお、楽観を許されない新型コロナウイルス、この感染症によって命を落とされた方々へお悔やみを申し上げます」

切り出したのは、日本だけでなく、世界を混乱に陥れた新型コロナの話だった。

菅は「安倍政権が進めてきた取り組みをしっかり継承して、そして前に進めていく、そのことが私に課された使命である。このように認識しております」と続けた。これまで安倍内閣のナンバー2である官房長官として政権を支えてきた立場からすれば、ごく当然のことと言えた。

その一方で、さっそく「菅カラー」もにじませた。菅は会見で「行政の縦割り、既得権益、そして悪しき前例主義。こうしたものを打ち破って、規制改革を全力で進めます」と強調した。また、「現場の声に耳を傾けて、何が当たり前なのか、そこをしっかりと見極めたうえで、大胆に実行する。これが私の信念です」と言い切った。

「秋田の農家の長男に産まれた私の中には一貫して地方を大切にしたい、日本のすべての地方を元気にしたい。こうした気持ちが脈々と流れております」。菅はアピールポイントとなっている生い立ちにも触れた。

国民目線に立った政策へのこだわりこそが、たたき上げとしての菅の真骨頂である。前任の安倍が憲法改正など「国のかたち」に関わるテーマに大上段から切り込もうとしたのとは対照的だ。

菅は会見で、省庁の縦割りがもたらす弊害を国民に通報してもらう窓口「縦割り110番」の話を切り出した。「縦割り打破」のために「デジタル庁」を創設し、新型コロナの感染拡大で遅れが露呈した行政のデジタル化を省庁横断で一気に進める考えも明らかにした。

極めつきは、携帯電話料金の引き下げだ。「国民の財産の電波提供を受け、携帯電話の大手3社が9割の寡占状態を長年にわたり維持し、世界でも高い料金で20％ほどの営業利益(率)を上げ続けている」と批判した。政権構想など、大所高所の視点を語ることが多い首相就任会見としては、個別政策が際立つ異色の内容と言えた。

一変した官邸スタッフ

新内閣の顔ぶれにも、菅らしさが随所にうかがえた。閣僚20人のうち、再任は8人、横滑りが3人、再入閣は4人で、閣僚経験者は計15人に上る。副総理兼財務相の麻生太郎ら重要ポストの多くを安倍内閣から引き継ぎ、実質的には「居抜き」に近い。初入閣はわずか5人にとどまり、女性閣僚も2人だけだった。民間人の起用もゼロ。派手な話題作りや向こう受けを狙うことを嫌う菅の性格が透けて見えた。

これまで自らが務めてきた官房長官には、加藤を厚生労働相から横滑りさせた。厚労相の前は、菅の下で官房副長官として仕えた経験がある。加藤は厚労相になった後も、官邸に所用があるとついでに菅の部屋に立ち寄るなど、2人の関係は良好だ。加藤は組閣前日の9月15日、菅から都内のホテルに呼び出され、官房長官のポストを正式に言い渡された。加藤は「第2次安倍政権ができたころ、こうやってよくホテルに集まりましたよね」と副長官の頃を懐かしんだ。

安倍との違いが如実に表れたのが、首相秘書官をはじめとする官邸スタッフの陣容である。安倍は首相補佐官と政務担当の首相秘書官を兼ねる今井尚哉《たかや》をそばに置き、政策から政治日程までの差配を委ねた。今井とともに働いた首相秘書官の一人は「あらゆる情報や面会予定を首相に上げる前にスクリーニング（選別）していた」と証言する。そんな今井に、安倍は全幅の信頼を置いていた。今井は第三者がいる場でも、安倍に向かって「何言ってるんですか。それは間違いです」などと平気でたしなめることがあり、見守る同席者を冷や冷やさせたほどだ。

これに対し、菅は「特定のブレーンを置かない」（周辺）という執務スタイルを取る。菅は何事においても、「最後は自分で判断する」という姿勢を貫いてきた。政務の首相秘書官は菅事務所秘書だった新田章文が務め、今井のような役回りを果たす人間はいない。

菅は首相就任に合わせ、事務の首相秘書官を6人置いた。このうち、官房長官秘書官から4人をそのまま首相秘書官に昇格させた。門松貴（経済産業省・94年入省）、高羽陽（外務省・95年）、大沢元一（財務省・95年）、遠藤剛（警察庁・95年）だ。このほか、新型コロナ対応のため、過去に自らの官房長官秘書官を務めた鹿沼均（厚労省・90年）を起用した。首相秘書官が安倍内閣の5人から1人増えたのはこのためである。安倍内閣からの続投となったのは増田和夫（防衛省・88年）だけだ。

首相秘書官は霞が関に首相の意向を伝えるほか、政策立案に際しては省庁間の調整にもあたる。省庁の抵抗を抑えて官邸の意向を通したり、逆に首相に進言したりすることもあるだけに、ふつうは本省局長の一歩手前の審議官級が務めるポストだ。官房長官秘書官のような課長級が就くのは異例といえる。菅にとって気心の知れた部下を使うためだけではない。腹心任せにせず、自らが霞が関を仕切るという意欲の表れとみられた。

それを裏付けるエピソードがある。門松は菅が経産政務官の時にも秘書官として支えた経験を持つ。門松は当時から、菅のことを「将来、絶対に偉くなる人だ」と触れ回り、省内で菅を囲む勉強会を開くほどの入れ込みようだった。官房長官になった菅の早朝散歩に毎日付き添い、菅の肉声に触れる機会が最も多い人物でもある。その門松でさえ、菅から意見を求められない事柄で直言することは許されない空気があるという。関係者は「もし門松がそんなことをすれば、すぐに首相に切られるだろう」と語る。

首相交代をきっかけに、霞が関の勢力図も塗り替わるとみられている。

安倍内閣は今井をはじめ、首相秘書官の佐伯耕三、首相補佐官兼内閣広報官の長谷川栄一の3人が経済産業省出身で、いずれも側近として安倍を支えた。彼らが政権運営に及ぼした影響力の大きさから、「経産省内閣」との異名を取ったほどだ。

その今井は、菅内閣で内閣官房参与に起用された。関係者によると、今井は起用前、事務方トップである官房副長官の杉田和博から「参与になるのは当然ではない」と伝えられていたという。安倍が菅に今井の処遇を頼んだとされ、菅が起用を最終判断した。加藤は25日の記者会見で「首相秘書官を長きにわたり務めた。経験を踏まえて首相に助言を行っていただきたい」と述べた。しかし、内閣官房参与は非常勤のポストに過ぎない。安倍内閣で、「影の総理」に擬せられたことを考えると隔世の感がある。菅内閣で引き続き、得意のエネルギー政策などを担うとしても、「これまでのような影響力は持たない」との見立てがもっぱらだ。

新内閣では、菅の直属の部下だった杉田が再任された。警察官僚出身の杉田は、79歳と高齢のため、安倍内閣での在任中に辞任を申し出たこともあるという。安倍の慰留を受け入れ、今回の新型コロナ対応でも危機管理の専門家として手腕を発揮していた。日頃も霞が関ににらみを利かせ、官僚出身者に厳しい菅の信頼も勝ち得ていた。新内閣発足のしばらく前に菅から続投を伝えられていたとされる。

首相補佐官には、参院から阿達《あだち》雅志、共同通信出身の柿崎明二《めいじ》を新たに起用した。柿崎は菅と同じ秋田出身で、菅の初当選以来の付き合いがある。衆院の木原稔と、菅の「懐刀」として知られる和泉洋人は再任となった。

和泉の担当名は、極めて長い。「国土強靱化及び復興等の社会資本整備、地方創生、健康・医療に関する成長戦略並びに科学技術イノベーション政策その他特命事項」がそれだ。再任の際、担当の最後に「特命事項」が新たに加わった。これは菅から指示を受けた政策テーマであれば、事実上、何でも扱えることを意味する。安倍内閣で「政策企画の総括担当」の首相補佐官として辣腕をふるった今井の役回りをほうふつとさせる。ただ、菅は和泉に政策を委ねることはあっても、政局を委ねることはない。そこが安倍と今井の関係とは決定的に異なるところだ。

国家安全保障局長の北村滋も続投した。北村は第1次安倍内閣で首相秘書官を務めるなど、安倍側近の一人である。これはと見込んだ人間の元にはこまめに足を運び、食い込むことを得意としている。例えば内閣情報官の頃、休日を返上して衆院選での安倍の応援演説に聴衆として駆けつけたこともあった。局長在任中に菅との関係もしっかりと作り上げていた。国家安全保障局長は中長期的な国家戦略づくりに携わる重要ポストで、菅は外交・安保政策の継続性も重視したようだ。初代局長の谷内《やち》正太郎はかつて、「内閣が代わるたびにすげ替えるような軽いポストではない」と周囲に語ったことがある。

官邸主導が定着した安倍内閣の時には、政府が上位で与党が風下に置かれる「政高党低」という言葉が使われた。菅内閣では、こうした関係が変化し、与党の発言力は増すとみられている。

菅は組閣にあたり、自民党総裁選で自らを支持した5派閥に配慮を見せた。党内最大派閥の細田派は5人、いずれも第2派閥の麻生派と竹下派は3人と2人、第4派閥の二階派は2人、最小派閥の石原派は1人といった具合である。ほぼ、派閥の規模に従って閣僚ポストを割り振った形だ。無派閥の菅は主要派閥の協力がなければ、今後の党運営もおぼつかない。

党役員人事では、いち早く菅支持を打ち出し、首相に押し上げる流れを作った二階派の重用が目を引いた。幹事長の二階俊博、幹事長代理の林幹雄《もとお》がいずれも続投しただけでなく、筆頭副幹事長に山口壮《つよし》といった具合に、幹事長室には二階派が居並ぶ。二階は安倍内閣時に続き、党の資金を自由に使える立場を死守した。念が入ったことに、党の金庫を押さえる経理局長のイスには、二階派の福井照が引き続き座っている。

人事で菅の意向が強く働いたと見られるのは、気心の知れた1996年の初当選同期の登用である。閣内では厚労相の田村憲久《のりひさ》、復興相の平沢勝栄、行政・規制改革相の河野太郎の3人、党四役も政調会長の下村博文《はくぶん》、総務会長の佐藤勉、選挙対策委員長の山口泰明《たいめい》の３人が96年組だ。菅が足場を置く無派閥からは小泉進次郎、小此木《おこのぎ》八郎、梶山弘志の３人を起用した。小泉、小此木、河野は、菅の地元選挙区である神奈川県選出でもある。

ちなみに、総裁選で争った岸田文雄、石破茂には直接、ポストの打診をしなかった。岸田、石破はともに２０２１年の次期総裁選に再挑戦する可能性があり、敵に塩を送る気はさらさらなかったとみられる。

一方、18日の副大臣・政務官人事では、「党高政低」の兆しすらうかがえた。官邸は政務官人事にあたり、「衆院は当選３回以上」という目安をいったん決めた。これを聞かされていなかった二階派の林らは激怒した。「官邸で勝手に決めるなら勝手に決めろ。党は二度と手伝わない」と加藤を突き放し、土壇場になって一部の人事が差し替わったという。

「俺は作る方。ぶち壊すのは河野」

菅が首相就任会見で取り上げた政策課題は、いずれも官房長官の頃から取り組んできたものであったり、将来取り組むべきものとして胸で温めてきたものである。例えば、省庁の垣根を越えたデジタル分野の再編は、総務相の頃から問題意識として持っていたとされる。政権トップの座に就き、誰はばかることもなくなった菅は、就任直後から、堰を切ったように新閣僚たちに指示を出し始めた。

組閣翌日の９月17日、菅は河野、デジタル改革相の平井卓也、田村を次々と首相官邸に呼び、「行政の縦割り打破」「デジタル庁創設」「不妊治療への保険適用実現」など、肝煎りの政策を早急に実現するようそれぞれ言い渡した。

河野は前任の防衛相からの横滑りである。自前の役所を持たない特命相での起用は表面上、降格人事のように見える。しかし、菅の言葉を借りれば、規制改革は「政権のど真ん中」に置いた政治テーマだけに、今回の組閣で河野を目玉人事と位置づけていた。菅の狙いは、かつて行革相を務めた経験を持つ河野に「行政や省庁の縦割り打破」の切り込み隊長を務めてもらうことにあった。

良くも悪くも、河野の特徴は歯に衣着せないところだ。過去には原発反対やODA（政府開発援助）の削減などを訴え、関係者を当惑させた。最近でも、8月に防衛相としての会見などで、安定的な皇位継承に向けて女系天皇も検討すべきだという考えを示して物議を醸したばかりだ。河野が所属する麻生派を率いる麻生はかつて、「河野太郎とかけて釧路と解く。（その）心は湿原（失言）が多い」とちゃかしたこともある。

菅は首相就任前日の15日、こんな人物評を周辺に語った。

「加藤は実務型で能力が高い。だけど破壊力がちょっと足りない」

「（文部科学相の）萩生田《はぎうだ》（光一）は破壊力が高い。河野は（破壊力が）もう一段高い」

行政・規制改革の進め方については「俺は作る方。ぶち壊すのは河野」とも漏らした。

菅はかねて、河野を将来の総裁候補として買っていた。事実、河野が09年総裁選に出馬した際には推薦人に名を連ねた。菅は20年6月の時点で、「自分の派（麻生派）の中をまとめられるなら」という条件付きながら、「ポスト安倍」に河野を推す意向さえ示していた。菅は「言うべきことを言って、やるべきことをやっているからね。昔からそうだ」と、その理由を語った。

ただ、今回の総裁選では菅が出馬する流れとなり、河野は立候補を最終的に断念して菅の推薦人に回ることになった。

菅の思惑通り、河野は首相官邸での就任記者会見で、いきなり発信力を見せつけた。組閣時には、新閣僚がそれぞれ会見を行うことが慣例となっており、会見の順番によっては深夜や未明に及ぶ。河野は17日午前1時に会見場に登場すると、「こんなものさっさとやめたらいい」とほえた。さらに、「記者会見は各省に大臣が散ってやれば、今頃みんな終わって寝ている。前例主義、既得権、権威主義の最たるものだ」とぶちまけた。

肝心の政策面でのアピールにも余念がなかった。菅の指示を受けると、さっそく17日、縦割り行政や不要な規制に関する情報を受け付ける「行政改革目安箱（縦割り110番）」を自身のホームページ（HP）内に開設した。すると、あっという間に4000件を超える意見が寄せられ、開いたばかりの目安箱を翌日に停止するはめになった。その代わりとして、内閣府のHPに「規制改革・行政改革ホットライン（縦割り110番）」が設けられた。

河野は「沖縄・北方」担当も託された。菅は安倍内閣で、沖縄の基地負担軽減担当を務めてきた。菅と1996年初当選同期で沖縄出身の衆院議員・下地幹郎によると、菅は官房長官就任前、沖縄問題への関心は特になかった。しかし、官房長官として米軍普天間飛行場（沖縄県宜野湾市）の名護市辺野古への移設に取り組むようになると、沖縄への関わりを深めていった。

菅は下地に「今までの政権は、どの政権も（沖縄への対応が）中途半端だった。俺は引かない」と決意を語ったという。2015年7月、菅は東京都内のホテルで、辺野古移設に反対する沖縄県知事の翁長雄志と意見交換した。全くの下戸である菅はこの日、ふだん飲まないアルコールを口にした。炭酸水にウイスキーを少しだけ入れて飲むと、すぐに顔は真っ赤になった。菅は胸に手をあてながら「心臓がドキドキする」と語った。

沖縄では、祝いの席で泡盛を回し飲む「オトーリ」という風習がある。大人同士の付き合いに酒はつきものだ。当時を知る関係者は「飲めない酒を飲んでまでも、胸襟を開いて相手の懐に飛び込み、辺野古への理解を求めたかったのだろう」と菅の心中を推し量る。

河野は17日の記者会見で、3000億円に上る沖縄振興予算の効果を検証する考えを表明した。さらに19日、県知事の玉城デニーと県庁で会談後、記者団に「沖縄の基地問題は経済振興を考える上で避けては通れない」と述べた。菅は思い入れの深い沖縄問題を河野に委ねたことになる。

デジタル庁と「総経戦」

菅は、行政サービスのデジタル化を一元的に担う「デジタル庁」創設をにらみ、IT政策に精通する平井を新設のデジタル相に起用した。平井は電通、西日本放送社長などを経て政界入りしており、新興企業の経営者との人脈も広い。自民党IT戦略特命委員長などを歴任し、党内きっての「IT通」で知られる。かつて、IT相として行政手続きを原則オンライン化する法整備を進めたこともある。行政のデジタル化を進めるため、「デジタルトランスフォーメーション(DX)庁」の必要性も主張していた。

平井は菅の指示を踏まえ、9月17日の記者会見で「デジタル庁」の創設時期について「22年4月より早いペースでやらないと、首相の期待には応えられない」と語った。早くも4連休初日の9月19日に内閣官房の担当職員を集め、検討会を行っている。

菅は官房長官当時、新型コロナ対策で国民に一律10万円を給付する際、マイナンバーカードを使った申請で不備が相次いだことに危機感を抱いていた。政府は23日、「デジタル改革関係閣僚会議」の初会合を開き、「デジタル庁」創設に向けた検討を本格化させた。関係閣僚と銘打ちながら、菅は会議に全閣僚を出席させた。省庁の縦割りを理由に検討作業が滞ることは許さないという決意がうかがえた。

デジタル庁は、内閣官房の情報通信技術（IT）総合戦略室や経済産業省、総務省などの関連部局を統合し、省庁のデジタル化予算や人材などを集約する見通しだ。府省庁や自治体ごとに異なる業務システムの統一も急ぐ。菅は「（デジタル庁を）ずっと置いておくことが必要だ」と漏らしており、恒久的な組織になるとみられている。

25日、デジタル庁創設に向けた作業部会で、菅は「まずは国、地方の行政がデジタル化を実現し、あらゆる手続きが役所に行かなくてもできる社会を実現する」と意欲を示した。デジタル庁創設で進める施策には①国や地方自治体のシステム統一②マイナンバーカードの普及③行政手続きのオンライン化④民間のデジタル化支援⑤オンライン診療などの規制緩和——の5項目を掲げた。

もっとも、内閣官房や経済産業省、総務省などに分かれるデジタル分野の権限集約に、関係省庁の反発は必至だ。総務省幹部は「長年、経産省と綱引きしてきた。デジタル庁が新設されても、主導権争いが続く可能性はある」と語る。特に総務、経産両省にはIT政策で縄張り争いを繰り広げてきた「因縁」があり、早大と慶大になぞらえて「総経戦《そうけい》」（総務省OB）とも評されてきた。

公明党へのリップサービス

新内閣は9月16日に閣議決定した5項目の「基本方針」の一つに「少子化に対処し安心の社会保障を構築」を掲げ、菅がこだわる「不妊治療への保険適用の実現」も明記した。

厚労相の田村は18日、読売新聞などのインタビューで、21年度にも不妊治療の助成制度を充実させる考えを示した。２０２０年9月時点で、国と自治体は保険適用外となっている体外受精と顕微授精の費用のうち、15万円（初回は30万円）を助成している。不妊治療が保険適用となれば、利用者の負担は相当程度、軽くなる。ただ、実現するには、関係する審議会への諮問手続きなどを経なければならない。まずは治療を受ける人への助成金を増やしたり、制度の利用条件を緩めたりすることで、菅が掲げる不妊治療への保険適用を実現させるまでの「つなぎ」とする狙いがある。

読売新聞社が9月19～20日に行った全国世論調査で、菅内閣の支持率は74％を記録し、内閣発足直後の調査（１９７８年発足の大平内閣以降）としては、小泉内閣（87％）、鳩山内閣（75％）に次いで歴代3位の高さとなった。

安倍内閣末期の8～9月の2回の調査と今回調査で内閣支持率の変化をみると、これまで「反安倍」色が強かった女性からの支持が今回は大幅に上昇した。支持率を男女別でみると、男性74％、女性75％とほとんど差がないものの、女性は、安倍前首相が辞任表明する直前の8月調査（31％）から倍以上の割合になった。

女性の支持が戻ってきたことに、公明党幹事長の斉藤鉄夫は9月25日の記者会見で「携帯料金や不妊治療など、国民生活に本当に身近な方針を出されていることが、特に女性の（支持率の）高さにつながっている。不妊治療についての政策も公明党がこれまで提言してきたことだ」と手放しで喜んだ。

公明党の支持母体・創価学会の婦人部は強力な「集票マシーン」として知られる。保守色の強い安倍内閣は安全保障法制や憲法改正など「安倍カラー」の濃い政策を掲げ、公明党は政府・自民党と婦人部との間で板挟みに遭ったことがしばしばあった。「平和の党」を看板とする公明にとって、「庶民目線」を売りにする菅内閣の登場は願ったり叶ったりだった。

菅もかねて公明とのパイプを重視している。斉藤とは安倍内閣の時、毎週のように顔を合わせて情報交換をしてきた仲でもある。菅は27日、都内で開かれた公明党大会であいさつし、不妊治療への保険適用で「公明党から強い要請を受けていた」とリップサービスすることも忘れなかった。

ちなみに不妊治療への保険適用は、公明党の専売特許ではない。自民党の「不妊治療への支援拡充を目指す議員連盟」（会長＝甘利明・党税制調査会長）が6月末、不妊治療への保険適用や助成拡充を求める要望書を官房長官の菅に手渡すと、菅は「やりたいよね」と前向きな反応を示したという。菅はその頃、「保険適用は思い切ってやったらいいんだ」と周辺に持論を披露していた。これを受け、政府は7月17日の「経済財政運営と改革の基本方針（骨太の方針）」に不妊治療支援を盛り込んだ。

総裁選に出馬した菅は9月9日、党青年局・女性局主催の公開討論会で不妊治療への保険適用を目指す考えを示した。メールで真意を尋ねた議連幹部に、菅は「最優先でやります」と返信したという。

三木谷浩史と気脈

携帯電話料金の引き下げについて、菅は9月18日、官邸に総務相の武田良太を呼ぶと、「具体的に一歩一歩進め、しっかりとした結論を出してほしい」と言い渡した。武田は会談後、記者団に「1割程度（の値下げ）では改革にならないでしょう。諸外国はいろんな政策、健全な競争市場原理を導入して70％から下げている。やればできるんですよ」と決意を語り、「100％やる。できるだけ早く結論を出す」と大見得を切った。一連の言葉からは、武田が菅から受けたプレッシャーの強さが垣間見えた。

菅は06年9月から07年8月にかけて総務相を経験している。その直前の約1年間は総務副大臣を務めていた。当時の総務相が竹中平蔵である。民間出身の竹中は就任に当たり、部下にあたる菅に「人事も含めて全部、菅さんにお願いしたい」と申し出た。竹中が郵政民営化と通信・放送の融合に専念し、菅は官僚機構を御すことになった。竹中は当時を振り返り、「幅広い総務省の仕事のかなりの部分、人事を含めて、全部菅さんにやって頂いた。だから、大臣と副大臣というよりは、同じ大臣として仕事を分担していたという感じだ。当時の総務官僚は私ではなく菅さんを見ていたと思う」と笑う。菅が事実上の総務相だったといえる。その後、郵政民営化相も担当し、菅は総務省に強い影響力を残してきた。

菅と総務省のつながりの深さを示すエピソードがある。安倍内閣の時、官邸5階に赴いた総務省関係者は「左に行かずに右にばかり行く」と揶揄されたという。官邸の来訪者から見て、5階エレベーターを出て手前左手に、安倍の首相執務室がある。そこに入らず、そのまま右手に進めば、菅の官房長官室である。

菅は携帯電話料金にも強い関心を持っていた。携帯加入契約数は1・8億件を超えて1人1台を上回り、災害時などにも不可欠なインフラだ。総務省の家計調査によると、19年の1世帯あたりの携帯料金は10・3万円と10年間で3割近く増えた。総務省が20年3月に全国の男女6000人を対象に行ったアンケートで、「携帯会社に支払っている金額が高い」と感じる人の割合は40%にも上った。「4割の値下げは、消費税を1%減税するくらいのインパクトがある」(みずほ証券チーフエコノミストの小林俊介)とされる。菅は経済成長率が想定よりも伸びない以上、可処分所得を増やすことで個人消費を刺激するしかないと見ているようだ。

菅が携帯電話料金引き下げを言い出したのは18年8月21日、札幌市での講演の場である。菅は「4割程度下げる余地はある。競争が働いていないと言わざるを得ない」と訴え、公正取引委員会と連携して事業者間の競争を促す考えを示した。

菅は講演に、日本と諸外国の携帯料金格差の分析など、約1か月前から周到に準備をしたうえで臨んだとされる。講演では「(事業者は)国民の財産である公共の電波を利用している。過度な利益を上げるべきではなく、利益を利用者に還元しながら広めていくものだ」と批判した。菅は20年4月に携帯事業に本格参入した楽天の会長兼社長・三木谷浩史と気脈を通じている。首相就任会見でも語ったように、NTTドコモ、KDDI(au)、ソフトバンクの大手3社が「9割の寡占状態を長年にわたり維持し、世界でも高い料金で20%ほどの営業利益(率)を上げ続けている」ことに不満を募らせてきた。

信じられるのは自分の目と耳だけ

菅は首相就任直後の9月18日、そしてその後の4連休（19〜22日）に各界の有識者との活発な意見交換を行った。政策を決める時には、官僚の言い分をうのみにせず、基本的には民間の関係者らから「セカンドオピニオン」を取る。本人いわく、「主流じゃない人」にも会うよう心がけているという。官房長官の時から朝昼夜問わず様々な人物と会食を重ね、幅広い知見の吸収に努めてきた。菅は酒を受け付けない体質である。そのため、会合を朝に1回、昼に1回、夜に2回重ねる「4階建て」も平気でこなすことができる。「はしご酒」にならず、翌日に響かないためだ。毎朝、新聞各紙に目を通した後、赤坂の議員宿舎周辺を散歩するのと同様に、菅の「ルーティンワーク」とも言える。

こうした姿勢は、政治の師と仰ぐ元官房長官の梶山静六から学んだものだ。菅が12年に出版した著書『政治家の覚悟』には、梶山が菅を諭した言葉として、次のような一節が紹介されている。

「官僚は説明の天才であるから、政治家はすぐに丸め込まれる。お前には、おれが学者、経済人、マスコミを紹介してやる。その人たちの意見を聞いた上で、官僚の説明を聞き、自分で判断できるようにしろ」

各方面から直接、話を聞くことにこだわるのは、たたき上げの政治家として市民感覚を常に忘れないためでもある。そして、一度決めたことは容易にあきらめないのも特徴だ。

同書で「真の政治主導」について、菅は「官僚を使いこなしながら、国民の声を国会に反映させつつ、国益を最大限、増大させることだ」と記している。菅は自民党総裁選中の9月13日、フジテレビの番組で「私どもは選挙で選ばれている。何をやるか方向を決定したのに、反対するならば異動してもらう」と宣言したこともある。官僚の言うなりにならず、人事での信賞必罰を官僚操縦術として使うことをためらわない菅は、いつしか霞が関全体から恐れられる存在となっていった。

菅は18日朝、東京・虎ノ門のホテルで竹中と会食した。この日の朝刊各紙は、政権発足後の内閣支持率を報じており、軒並み高い数字が並んでいた。これに気をよくした菅は意欲をみなぎらせた表情で、自らに言い聞かせるように「いよいよこれからだ」と決意を語った。

竹中はその場で、持論の「アーリースモールサクセス」を助言した。小さくても、できるだけ早い時期に成功事例を国民に見せることを意味する言葉だ。竹中いわく、「この首相はちょっと今までと違うな」と思えば、国民の関心が高まって政権の浮揚力につながるというわけだ。竹中は、その時、菅も同じことを考えているという印象を受けたという。

2人は健康志向の菅が好むサラダなどを口にしながら約1時間、じっくりと話し合った。会食中、菅の好物であるパンケーキも話題に上った。竹中が「食べているのを見たことないですけど、本当に好きなのですか」と聞くと、菅は「本当に好きなんだけど、あまり食べちゃいけないんだよね」とこぼしたという。かつて体重増に悩んだ菅は、妻の真理子が手作りしたスープカレーを毎朝食べてダイエットに成功したことがある。今も体重管理のため、好きな甘い物をなるべく控えている。

20日には、デジタル技術に詳しい慶大教授の村井純と都内のホテルで昼食をともにし、菅内閣の目玉政策であるデジタル庁設置に向けた課題を議論した。村井は1984年、国内のインターネットの原点となる大学間のコンピューターネットワーク「JUNET」を設立した。ネット網の整備や普及に尽力し、「日本のインターネットの父」とも呼ばれる人物だ。

不妊治療への保険適用では、21日に杉山産婦人科理事長の杉山力一《りきかず》と会い、現場の状況を聞き取った。新型コロナ対策で助言を受けている川崎市健康安全研究所長の岡部信彦とは、22日に昼食をともにした。連休後の25日には小西美術工藝社社長のデービッド・アトキンソンと朝食を取った。アトキンソンは『新・観光立国論』の著者として知られる。菅は、安倍内閣で重点的に取り組んだ外国人旅行客（インバウンド）政策の推進に向け、アトキンソンと意見交換を重ねてきた。

様々な人に会うことにこだわる菅の流儀について、加藤は23日の記者会見で「長官時代から公の組織から上がってくる情報だけではなく、様々なチャンネルから多様な意見を聞かれ、政策に反映されてきた。その姿勢は首相になっても変わっていないのだろう」と述べた。自民党の閣僚経験者は「安倍首相ら世襲政治家は、『地盤・看板・カバン』だけでなく、人脈も含めて引き継いだ部分がある。しかし、たたき上げの菅首相が信じられるのは自分の目と耳だけだという思いもあるのだろう」と語る。

菅はこれまで、個人的に興味を持ったテーマに応じて面会相手を決めてきた。それは、首相就任後も変わらない。23日、首相官邸で記者団に「アンテナを高くして、スピード感を持って国民の期待に応えたい」と語った。しかし、これまでの生活パターンは一部、見直しも余儀なくされている。「官房長官の時と比べて、SP（警護官）が10倍に増えた」とこぼす菅は、警備面での煩わしさに配慮し、赤坂周辺の散歩をあきらめて官邸敷地内を歩き回るようになった。就任前はベールに包まれていた会食相手も「首相動静」の形で表に出るようになったことで、今後の情報収集に支障を来すのではないかという見方もある。

日韓関係にささったトゲ

菅の首相としての事実上の外交デビューは、9月20日の米大統領・トランプとの電話会談である。会談は日本側の申し入れで行われ、主要国首脳へのあいさつ外交の一環だった。同日にはオーストラリア・モリソン首相との電話会談も行われた。菅はトランプとの会談で「安倍前首相とトランプ氏との深い信頼関係で、かつてなく強固になった日米同盟を一層強化したい」と呼びかけた。トランプは菅の首相就任に祝意を伝え、「自分も全く同感だ。『シンゾー』を一番近くで支えてきた人だ」と応じた。

同席者によれば、約25分間の会談は「フレンドリーで親しい雰囲気」だった。しかし、トランプが安倍のことを「シンゾー」と呼んだのに対し、菅には「シンゾーからよく聞いているよ」と言いつつも、「プライムミニスター（総理）」と呼びかけた。トランプと安倍が絆を深めたゴルフの話題も出なかった。日米の電話会談は保秘のため、モニターなしのデジタル回線で行う。会議中、互いの表情をうかがうこともできない。

日本側は、気分屋で人の好き嫌いが激しいトランプがどう出るか、読み切れない面があった。幸い、2人は対面による会談の早期実現を目指す考えで一致した。トランプは電話会談の終わり際、「必要があれば24時間いつでも連絡してほしい」と語りかけてきた。固唾をのんで2人のやりとりを見守っていた日本政府関係者は「よし、言ってくれた」と、ひとまず胸をなで下ろした。

菅は24日、韓国大統領の文在寅《ムンジェイン》と電話で会談した。首相就任会見では、米国、中国、ロシア、北朝鮮には触れておきながら、韓国には一言も触れずじまいだった。会談では「日韓両国はお互いにとって極めて重要な隣国で、日韓、日米韓の連携は重要だ」と述べる一方で、「元徴用工（旧朝鮮半島出身労働者）」問題を取り上げ、「非常に厳しい状況にある両国関係をこのまま放置してはならない」と文にくぎを刺すことを忘れなかった。韓国大統領府によると、文は「両国政府と全ての当事者が受け入れられる最適な解決策を共に模索することを望む」と応じた。安倍内閣から続く懸案は依然、日韓関係にささったトゲであり続けている。

久々の首相交代に、菅を取り込もうとする動きを見せたのが中国である。国家主席の習近平《シージンピン》と首相の李克強《リークォーチャン》はそれぞれ、菅の首相就任を祝うメッセージを送ってきた。外務省によると、日本の首相に対し、カウンターパートである李だけでなく、元首にあたる国家主席もメッセージを送ってくるのは「おそらく初めて」（幹部）のことだ。

習との電話会談は25日に行われた。習が日本の首相との電話会談に応じること自体、珍しい出来事だった。菅は会談後、記者団に「今後も首脳間を含むハイレベルで2国間および地域、国際社会の諸課題について緊密に連携していこうということで一致した」と語った。約30分の会談で、習は「日本との関係を引き続き発展させていきたい」と述べ、菅も「日中の安定は2国間だけでなく、地域、国際社会のために極めて大事なことであり、このことについて共に責任を果たしていきたい」と応じた。習は「私は農村の出身だ」と自らの生い立ちに触れ、「お互いに似た背景がある」と水を向けてきたという。

菅は会談で、沖縄・尖閣諸島沖で中国公船が領海侵入を繰り返している問題への懸念を伝えた。香港情勢にも触れ、「議論していきたい」と呼びかけた。最大の焦点とされた習の国賓来日は、菅によれば「特にやり取りはなかった」とされる。

国賓来日は当初、２０２０年４月に予定されていたが、新型コロナの感染拡大で延期された。中国は菅内閣発足後の10月11〜13日、尖閣諸島沖の領海に公船２隻を侵入させた。公船は57時間39分にわたってとどまり、12年の尖閣国有化以降、最長となった。習を国賓として扱うことに自民党内からも反発の声が上がっている。欧米などは中国政府による香港の民主派弾圧を強く批判しており、外務省関係者も「実現へのハードルは高まっている」と語る。激化する一方の米中対立のはざまで、菅は安倍以上に難しいバランス感覚が問われることになりそうだ。

一方、毎年９月に米ニューヨークで開かれる国連総会への出席はお預けとなった。例年であれば現地で行う一般討論演説は、コロナ禍のせいで、事前収録のビデオ映像によるリモート形式で済ませたためだ。

９月26日の一般討論演説で、菅は、拉致問題解決に全力を尽くすことを強調し、新型コロナ対策として治療薬開発や途上国支援も表明した。拉致被害者の横田めぐみさんの父・滋さんらの死去に触れ、「最愛の子どもとの再会を果たすことなく旅立たれたご家族の思いを想像するだけで、胸を締め付けられる思いだ」と述べた。

安倍の演説は、内閣官房参与の谷口智彦ら英語に堪能なスピーチライターが原稿を用意し、エピソードも交えて「見せ方」を工夫していた。これに対し、菅の演説は外務省が作った文章を読み上げただけだった。菅が就任会見で個別政策を雄弁に語ったのに比べると、落差が目立つ結果となった。

ただ、これにはやむを得ない面もある。

菅が安倍に信頼されてきたのは、その手腕が優れていたためだけではない。安倍は祖父が元首相の岸信介、父は元外相の安倍晋太郎という政治家一家に生まれ、若くから首相候補として注目を浴びることに慣れてきた。一方、たたき上げの菅は地味なイメージがつきまとい、自らを「参謀タイプ」だと割り切っていた。役回りが異なるおかげで、互いに警戒しあうライバルになりづらかった。

政策面では、外交を好む安倍に対し、菅は内政に目を光らせることが多かった。菅は外交に手を出す場合には安倍の邪魔を避けようと、なるべく表舞台に姿を見せず、水面下で動くようにしていた。２人の関心事項が競合していれば、遅かれ早かれ衝突は避けられなかったに違いない。

９月19日、菅は官邸で一般討論演説の事前収録に臨んだ。その際、ビデオカメラに向かって「総理になると思っていなかった。だから、こんなのやっているんだ」と、矯正治療中の歯を見せて笑ったという。

26日、首相として初の地方出張となった福島県で東京電力福島第一原発を視察した後、県立ふたば未来学園中学・高校で中高生らと意見交換した。この時、自らをこう振り返った。「政治の場でアクセルを踏みっぱなしで今日まで頑張ってきた。そしたら、いつの間にか総理大臣になった」

　政治の世界では、若くから「いつかは総理」との大志を抱き、その夢を公言する国会議員が少なくない。図らずしてその地位に就くことができた者は、ごく一握りだ。

日本学術会議「任命拒否」の舞台裏

　順調な滑り出しをみせた菅内閣は発足から２週間後、早くも最初の試練を迎えた。

　日本学術会議は８月31日、新たな会員候補者１０５人を首相に推薦した。会議は首相直轄の下、政府の「特別の機関」として、科学者たちの意見を踏まえて政府に政策提言などを行っている。会員は２１０人で、３年ごとに半数（１０５人）を改選することになっており、今回の推薦もこれを踏まえたものだ。

　菅は９月28日、このうち６人の任命を拒否し、残り99人を会員として認める人事案を決裁した。学術会議の会員らの推薦を受け、首相が任命する制度が導入された２００５年以降、任命が見送られたのは初めてのことだ。任命されなかった６人については、京大教授の芦名定道《さだみち》と東大教授の宇野重規《しげき》、早大教授の岡田正則、東京慈恵会医科大教授の小澤隆一《りゅういち》は安全保障関連法、東大教授の加藤陽子は特定秘密保護法、立命館大教授の松宮孝明は改正組織犯罪処罰法への反対などをそれぞれ表明したことがある。10月１日に任命拒否が明るみに出ると、野党は「憲法23条が保障する学問の自由を侵害している」と一斉に批判した。

　政府は１９８４年、学術会議の会員の選出方法を学者による選挙制から、学術団体の推薦を踏まえて首相が任命する制度に改めた。これに先立つ83年の国会で、「政治的介入が予想される」との野党議員の指摘に、首相の中曽根康弘が「政府が行うのは形式的任命にすぎない」と答弁した経緯がある。菅は「（当時の）国会答弁がそもそもおかしい」と考えていた。

任命拒否は「菅と杉田のラインで進めてきた案件」（政府高官）だった。官房長官の加藤はためらいを見せていたという。杉田は14年以降、大西隆をはじめとする学術会議の歴代会長と会員の任命のあり方をめぐり、水面下でやりとりを重ねてきた。内閣府は18年と20年、内閣法制局に法解釈を確認したうえで、公費が投入されている学術会議への任命権を行使できると判断していた。杉田は今回の推薦に先立ち、学術会議に105人より多くの会員候補を挙げるよう求めた。政府が任命権に基づき、リストの中から選べる形を取るためだった。学術会議は応じず、きっかり105人のリストを提出した。任命拒否が明るみに出る前から、政府と学術会議の関係はすでに、引くに引けない状況に陥っていた。

先行きを心配した公明党幹部の一人は10月4日、菅に電話で「せっかく内閣支持率が高いのに。推薦してきた通り任命しておけばいい」と助言した。すると、菅は「みんな心配してくれている」と笑いながら、「うっかりやったわけではない。ちゃんと考えている」と答えた。3年に一度の改選の機会を逃せば、自らの首相任期中に手を付けられなくなると覚悟を決めていた。任命を拒否された6人のうち3人は、共産党とのつながりが指摘される「民主主義科学者協会法律部会」に所属している。学術会議の元会員は「会員となっている法学者十数人のうち、少なくとも3割は民主主義科学者協会法律部会のメンバーが占めている」と語る。

菅は5日の報道各社のインタビューで、「現状では事実上、現在の会員が自分の後任を指名することも可能な仕組みだ。こうしたことを考え、推薦された人をそのまま任命してきた前例を踏襲していいのか考えてきた」と説明した。さらに9日のインタビューで、任命拒否は「（学術会議の）総合的、俯瞰《ふかん》的な活動を確保する」ためだとしたうえで、学術会議を行政改革の対象とし、組織見直しを検討する考えを明らかにした。菅はこの問題で、一歩も引くつもりはなかった。

学術会議は、過去にも物議を醸してきた。2017年、防衛装備庁の「安全保障技術研究推進制度」に反対する声明を出し、一部の研究者の間からは「安全保障に関わる研究の禁止を大学などに強要している」と不満の声が上がった。防衛省が北海道大学に艦船の燃費向上について研究を委託したところ、学術会議の横やりが入って打ち切りとなったケースもあった。ある防衛相経験者によると、大学側が学術会議の顔色をうかがい、研究の申請を控えることもしばしば見られるという。

今回、会員に任命された99人のうち81人は、会員の推薦などで決まる連携会員（約2000人）の出身だ。歴代会員の8～9割が「身内」から出ているのが実態となっている。一般の研究者からも「新会員は学術会議の中だけで決めていて、会員でない大多数の学者は全く関与できない」（東大教授の戸谷《とたに》友則）との批判がある。

学術会議は年間約4兆円に上る政府の研究開発予算の配分に影響力を持つ。3年ごとに「マスタープラン」を作り、政府が重点的に進めるべき研究計画を具申してきた。会員は特別職国家公務員の身分を持ち、「国が人選に関与するのは当然だ。任命権が形だけなんて言っている方が憲法違反」（政府高官）との見方もある。憲法15条1項は、公務員の選定・罷免《ひめん》権が国民にあると定めている。

ただ、政府が「個々の人事の判断理由は明らかにできない」との立場を取ったことで、どうして任命拒否に至ったのか、分かりにくさが残ったのは確かだ。読売新聞社が10月16〜18日に行った全国世論調査によると、内閣支持率は67％で、前回（9月19〜20日調査）の74％から7ポイント低下した。6人の任命拒否に「納得できない」の47％が「納得できる」32％を上回った。他社の世論調査でも、内閣支持率は10ポイント前後下落した。

問題が長引いても一切ひるまない菅を、ある閣僚経験者はこう危ぶむ。「安倍首相にとっての菅官房長官や今井秘書官が菅首相にはいないということがわかった。菅首相に直言する役割を果たせる人がいない」

菅はいったん「これで行く」と決めると、万難を排してやり遂げようとする強い意志がある。一方、状況を見て柔軟に対応を変えるような器用さは持ち合わせず、どこか危うさもつきまとう。「安倍首相という鞘なしの抜き身の刀」。内閣府幹部は、安倍の後を継いで首相となった菅をそう表現する。刀の切れ味は抜群でも、人を斬れば返り血を浴びることもある。それは時と場合によって、宰相としての長所にも短所にもなりうる。

しかし、そうした押しの強さは持って生まれたものではなかったようだ。

仲直りさせる名人

菅のふるさとは、秋田県の湯沢市秋ノ宮地区（旧・雄勝町《おがち》）である。秋田の最南端に位置し、山形県や宮城県と接している。地区のほぼ南北を貫くように走る国道108号線沿いに温泉宿が点在するほかは、とりたてて目を引くような建物もない。

菅は1948年12月6日、父・和三郎（故人）と母・タツの長男として、この山あいの地で生まれた。姉2人、弟1人の4人きょうだいだった。和三郎はイチゴ農家を営むかたわら、町議を務めたこともある人物だ。組合長として周辺の農家を束ねるだけでなく、東京や大阪などに自ら足を運んで販路拡大に尽力した。地元ではそれなりに知られる存在だった。豊かな自然に抱かれながら、少年時代の菅は山を縫うように流れる川でよくアユやウグイ釣りに興じ、稲刈り後の田んぼで野球に夢中になった。

雄勝町立秋ノ宮小学校に通っていた頃の菅は、むしろ柔軟さを持ち味とする少年だった。

ふだん目立たない菅が注目を浴びることがあった。クラスでけんかがあった時だ。菅は対立する双方のリーダー格からそれぞれ言い分を聞くと、最後はうまく仲直りさせてしまうのが常だった。同級生だった菊地洋一は「上から目線の仲裁じゃなく、物腰柔らかくやっていたからうまくいったんだろう。何よりそうやって義偉が頑張っている姿を見せるから、双方納得して反発が起きなかった」と振り返る。

秋ノ宮中に上がってからも、その性格は変わらなかった。小・中学校の卒業アルバムには、菅が写った写真はあまり見当たらない。それでも、いざという時には一目置かれる存在だった。いじめっ子も菅と話をするうちに、不思議と態度を改めた。教師や周囲から推されて学級委員長を務めたこともある。豪雪地帯の秋ノ宮地区の子どもたちは冬になると、雪を踏みしめて作った土俵で相撲を取った。菅は年下の子どもを負かす時、ケガをしないよう、手加減してそっと転がした。そんな心優しい一面も持っていた。

政治家としての菅は、いったん決めるとぶれない意志の固さに定評がある。その片鱗は、少年時代からうかがえた。

同窓生の由利昌司は、中学時代の野球部での菅の姿が強く印象に残っている。菅は当時、両腕を伸ばす独特の打ち方をしていた。菅の打法だと、打球の飛距離は見込める半面、バットコントロールが難しくなる。監督は両わきを締めてコンパクトにバットを振るよう指導した。それでも、菅は「この方が打ちやすい」と我流にこだわった。頑として譲らない菅に、折れたのは監督の方だった。菅は打撃スタイルを変えないまま、とうとうレギュラーの座を手に入れた。ポジションは、大のお気に入りである巨人の長嶋茂雄と同じサードだった。

菅と小学校から高校まで同窓だった伊藤英二は後年、中日ドラゴンズや読売ジャイアンツなどで強打者として活躍した落合博満のバッティングが菅のそれに似ていることに気づいた。衆院議員になった菅にその話をすると、菅は「俺の打ち方を落合がまねたんだ」と冗談めかして答えた。

秋田県立湯沢高には、バスや列車で片道1時間以上かけて通った。交通の便が悪く、練習をしていると帰りの足がなくなる。野球部への入部はあきらめざるを得なかった。その頃には菅の地元でも、白黒テレビが一般家庭に普及するようになっていた。菅は野球を離れた後も、同級生とテレビで見たプロレスや長嶋の話に夢中になった。当時の日本では、ごくありふれた青年時代を過ごしていた。

長老に食ってかかる新人

67年3月、菅の人生にとって一大転機が訪れる。高校卒業後、「東京で自分の力を試してみたい」と、生まれ育った秋田の地をあとにしたのだ。本来であれば農家の長男として、家業を継ぐことを期待されていた。本人の言葉を借りれば、「逃げるように」して実家を飛び出した。

就職先は、都内の段ボール製造会社である。いざ働き始めると、地方出身の高卒で仕事を続けても、この先たかが知れていることはすぐに分かった。「大学に行かないと自分の人生は変わらない」。そう考えた菅は、わずか数か月で退社してしまった。初めての都会暮らしは田舎育ちの菅にとってはつらく、思い出したくない記憶となったようだ。菅は親しい議員に昔話をしても、当時のことだけは決して語らないという。

家出同然だけに、仕事を辞めても父親からの仕送りは見込めない。築地市場での台車運びなどで入学金を貯めながら、試験勉強を2年続け、69年4月に法政大法学部に入学した。金欠にあえぐ菅にとっては、当時の私立の中で学費が安かったことが決め手になった。

菅は大学で空手サークル「剛柔流空手道部」に入り、空手に打ち込んだ。サークルの休みは日曜日だけで、月曜から土曜まで、毎日2時間半の練習が続いた。サークルに入った約15人のうち半分程度が卒業時までに辞めるほど練習内容は厳しかった。菅は学業と空手のかたわら、夜間に報知新聞社で編集補助のアルバイトなどをしていた。その頃、実家に送った写真の菅はまるで「骨と皮」(同級生)だけに見えた。

苦学生の菅はそんな中でも、卑屈になることはなかった。空手道サークルで同期の岡本信寿は「芯が強く、信念を貫く雰囲気を持っていた」と印象を語る。弱者への心配りも健在だった。きついことで定評がある合宿では、新入生がランニングについていけなくなると、上級生の菅は引き返して声をかけ、一緒に走ったという。小兵ながら、腕力が強い菅の突きには威力があった。仲間に恵まれた菅は地道に練習を重ね、卒業までに2段の黒帯を手に入れた。

大卒後の73年4月、「秋田に帰る前に東京を見ておきたい」と電気関係の会社に就職した。しかし、働くうちに、今度は「世の中を動かしているのは政治だ」との思いが首をもたげ始めた。並みの人間であれば、政治の世界に全くつてがない時点であきらめるところだ。それでも菅は、大学の就職課に相談してみた。法政大OBの国会議員事務所の紹介で、通商産業相などを歴任した自民党衆院議員・小此木彦三郎の秘書となったのは75年4月のことだった。

横浜市中区の大岡川沿い、雑居ビルが立ち並ぶ京浜急行日ノ出町駅の近くに小此木事務所はあった。小此木は駆け出しの菅をまず、県議の梅沢健治に預けた。菅の目の前で、小此木は梅沢にこんな話をした。「実はこの男が俺の事務所に入ったんだ。国会議員の秘書はどうしてもちやほやされるから、物を上から見るようになってしまう。庶民の気持ちに答えられるような精神をうちの秘書には残したい」

預かった梅沢が菅に繰り返し言い聞かせたことがある。それは、「小此木の後援者の所だけを回っているような秘書になってはダメだ」という教えだ。菅は愚直にその言葉を守った。公明党や共産党などのポスターが貼ってある家に顔を出しては、「今日はしかられました」「今日はこんなことを教えてくれました」などと梅沢に報告した。菅はすぐに、地元のどこに行っても、親しみを込めて「菅ちゃん」と呼ばれるようになった。

四つ年下の妻・真理子と出会ったのも秘書時代のことだ。真理子の妹が事務所で働いていたことが縁になったという。真理子も菅と同様、地方出身だ。当時の支援者の女性は、自宅を訪ねてきた菅から「静岡から出てきたばかりなんです。友達になってやってください」と真理子を紹介されたことを覚えている。

秘書6年目の80年5月、真理子と結婚した。関係者は真理子のことを「目立つことを好まず、夫を陰で支えるタイプ」と口をそろえる。菅が衆院議員になってからも、普段は事務所に顔を出さない。その代わり、選挙の時は事務所に一番乗りし、「菅に怒られていない？」と若い秘書らを気遣ったり、ボランティアに頭を下げたりする。政治と一定の距離を置く真理子は、菅の自民党総裁選出馬に最後まで反対したという。菅は総裁選に先立つ公開討論会で「今回支援を取りつけるのに一番苦労したのが家内だった」と裏話を披露し、会場の笑いを誘った。

秘書を11年務めるうちに、菅は粘り強い陳情処理などで頭角を現した。横浜市議として政治家の一歩を踏み出したのは87年4月のことだ。出馬した西区には自民党の有力市議がおり、周囲は猛反対した。菅自身、「誰が考えても無謀」と振り返る選挙だった。38歳で地縁も血縁もない菅に、都会の風は冷たかった。西区は一大ターミナル駅である横浜駅を抱える。出勤する人たちに「よろしくお願いします」と駅頭で頭を下げても、ほとんどの通勤者は何の反応もなく、知らんぷりで通り過ぎていった。しかし、大都市・横浜は全国から「よそ者」が寄り集まってくる土地柄でもある。菅が秋田出身であることをアピールすると、秋田出身者だけでなく、東北出身者なども菅のことを応援してくれるようになった。田舎育ちを売りにする菅の選挙スタイルは、この時が原点といえる。菅は革靴をボロボロにしながら1日に３００軒のあいさつ回りを続けた。ふたを開けてみれば5人中、２位という好成績で初当選を果たした。

「おかしいじゃないですか。１期生の意見も聞いてください」

菅の１期上だった横浜市議の田野井一雄は、初当選直後の党市議団の会議で、長老議員に食ってかかる菅の姿に驚かされた。

当時は重鎮の市議が市議団の意向を決め、若手はただ従う空気があった。「生意気を言うな」と一喝されても引かない菅に、田野井は「ただ者じゃないな」と舌を巻いた。菅には、秘書時代に培った人脈と経験に裏打ちされた自信があった。いざ働き出すと、「とても1年生議員とは思えない」と評判を取るようになった。

そんな菅に、父の和三郎は「義偉が横浜で市議になった」と目を細めた。この頃までには、親子関係も修復できていた。市議になった頃から、菅は実家にしばしば帰省するようになった。それでも、目立つことを好まない性格は変わらなかった。「地元に帰ると落ち着く」と漏らす菅は小・中学校の同窓会の記念撮影でも、後列にちんまりと収まった。

無謀と勝算の狭間を

横浜市議を2期務めた後、菅は国政に挑戦した。市議として活躍するほど、その限界も感じるようになっていた。例えば、市の待機児童対策ひとつ取っても、国の基準に縛られて思うようにいかなかった。「地方分権を進めて市町村が独自に政策を決定し、実行できるようにしなければ、市民のニーズに応えられない」という問題意識がふくらんだ。小選挙区比例代表制が日本で初めて導入された96年の衆院選神奈川2区に立候補し、47歳で初当選した。

この年齢での初当選は、「遅咲き」の部類である。本人も正直なところ、「頑張っても大臣までだろう」と考えていた。永田町で、非世襲の菅は全く無名の存在に過ぎなかった。初当選した年は、菅直人《かんなおと》が厚生相として薬害エイズ問題に取り組み、脚光を浴びていた時期でもあった。

そのせいで、菅は「かん」と呼ばれることが多かった。負けん気が首をもたげたのだろう。普段、大言壮語することのない菅にしては珍しく、地元支援者らとの会合で「10年待ってほしい。『すが』と呼ばせてみせる」と大見得を切ってみせた。

「地盤」「看板」はもちろん、「カバン」も持たない菅は初当選当時、政治資金に事欠いていた。当選直後、湯沢市のホテルを会場に、高校の同級生数十人が祝う会を開いた。あいさつした菅は妻から「何とか当選できたけど、これからの選挙資金もない」と貯金通帳を突きつけられた話を持ち出した。居合わせた同級生が「カンパをしよう」と言い出し、総額十数万円の入った祝儀袋を渡すと、菅は人目もはばからず涙を流したという。

上京後、せわしなく身の置き所を変えてきた菅の半生は、手の届く目標に向かって努力を続け一段ずつ着実に階段を上がることの繰り返しだった。力をためた上で、機会が訪れれば必ずものにする。他人から見れば無謀のようでも、自分なりに勝算があると判断して行動に移してきた。

その一方で、損得を度外視した動きをすることもある。初当選した菅は、小渕派（現竹下派）に身を置き、そこで知遇を得た元官房長官の梶山静六を政治の師と仰いできた。梶山は竹下内閣の自治相として初入閣し、橋本内閣で1996年1月から97年9月にかけて官房長官を務めた。

梶山に惚れ込んだ菅はかつて読売新聞のインタビューで、次のように語っている。

「非常に胆力のある方でしたから、まだ足元にも及びません。ただ、そういう思いはずっと持ち続けて仕事をしています」

梶山は、橋本竜太郎の後継を選ぶ98年の総裁選で、所属していた小渕派の領袖である小渕恵三に挑むという異例の戦いに臨んだ。この時、当選1回ながら梶山を担ぎ上げたのが菅である。小渕派で同期だった衆院議員の桜田義孝は当時、海外視察先の欧州から急遽、派閥幹部に呼び戻されて菅の説得に当たった。しかし、菅は「もう決めちゃったことだから。梶山さんを推すということで約束したから」ととりつく島がなかった。派閥の論理を超えて「金融改革、財政再建」を訴えた梶山は102票を獲得して2位に食い込んだものの、小渕の225票には遠く及ばなかった。

独自の辻立ちマニュアル

菅はしばしば、「国家観」を持っていないと評される。そのことは、地域社会に密着した市議を経て、浮動票が多い都市部での選挙を重ねてきた経歴と無縁ではなさそうだ。菅と交流がある学識経験者は「まずは皆を味方にしないと当選できない。賢いから、主義主張は二の次にして、国家観がないように装っているだけ」と見る。

よそ者で地盤も看板も持たない菅は、常に地元有権者の目を意識し続けてきた。菅事務所では、沿線の駅に応じて立ち位置や旗を置く場所がマニュアルで決まっている。それでも、雨の時には傘を差して通り過ぎる通勤客の邪魔になることがある。菅は「有権者の立場でどういう風に思うか考えろ」と秘書たちに事細かく指示した。

また、「自分が決断した道で一生懸命頑張っていれば、必ず誰かが見ていてくれる」と秘書に繰り返し、自身もその教えを実践してきた。選挙戦では、投票日前日の午後8時から演説や街宣カーを使った選挙運動ができなくなる。マイクを置いた菅や秘書たちは無言で駅頭に立ち、深夜まで帰宅する有権者に頭を下げた。

初当選以来、小選挙区で8連勝を重ねる菅が一番苦しんだ戦いは、2009年衆院選だ。当時、民主党への「政権交代」の風が猛烈に吹き、菅も追い上げられる立場となった。菅の選挙区は横浜市西区などを含み、浮動票も多い。逆風をまともに受けた菅は、13万2270票を獲得したが、対抗馬の民主党新人・三村和也に13万1722票まで迫られた。三村は、女優の広末涼子のいとこことしても話題を集めていた。票差はわずか「548」。その時の苦労を忘れまいと、地元事務所で使っている車のナンバープレートには今も同じ数字が刻まれている。

何も持たず、たたき上げの身で政治の世界を生き抜くには、一から人脈を作るしかない。そのために菅は人間関係を大切にしてきた。

政治の世界に入った菅は、義理堅さを身上としている。秘書時代には、市議選に落ちて困窮する秘書仲間に「ボーナスが出たから一緒に背広をつくろう」と声をかけ、スーツを贈ったことがある。「シウマイ弁当」で知られる崎陽軒社長の野並直文は市議時代の菅の人脈づくりに感心させられた。菅は地元有権者と話をする際、共通の知人の名前を挙げて距離を縮めるのがうまかった。相手が初対面でも話題をつなぐことができ、人のネットワークは着実に広がった。

秋田とのつながりも欠かすことはなかった。湯沢高で同級生の伊藤陽悦は1999年、湯沢市議選に立候補した。在学当時は取り立てて仲が良かったわけでもない衆院議員の菅に応援を頼むと、菅は「ため書き」とネクタイを送ってきた。ため書きはお世辞にもうまい字とは言えなかったが、手間のかからない印刷ではなく、菅の手書きだった。

菅の元秘書の遊佐大輔は2011年、横浜市議に当選を果たした。それ以降、菅は電話で話す時、遊佐に敬語を使い始めた。遊佐のことを自分の部下のように扱うこともなくなった。「もう自分の秘書じゃない。自分と同じ、有権者に選んでいただいた議員だという意味だろう」。遊佐は菅なりの「けじめ」だと理解している。

「うまく笑えねえ」

しかし、菅のすごみは人の輪を広げることにとどまらず、その中で誰が力を持っているのかを見極めるところにある。秘書として数々の陳情にかかわるうちに、身につけたノウハウだ。

秘書の頃、菅は国鉄（現JR）の鉄道管理局内の人間関係に精通していた。地元の駅弁業者が営業をかける際には「そっちじゃなくて、こっちに行け」と、あれこれアドバイスしたという。菅に言われた相手のところに行くと、面白いように話が通った。業者は、キーパーソンを見抜く菅の観察力に舌を巻いた。

菅は国政に転じた後、この能力をフルに生かして中央省庁の官僚たちを使いこなした。湯沢市長だった斉藤光喜は民主党政権の誕生後、国への陳情のやり方が一変し、途方に暮れたことがあった。当時、野党議員の菅に相談すると、関係省庁の幹部らを次々に紹介してくれたという。

その霞が関で、菅は一度やると決めた政策は執念深く実現することで知られる。初当選から10年が過ぎた06年、当選4回で第1次安倍内閣の総務相として初入閣した。在任中、力を入れたのが、ふるさと納税制度の創設である。「古里に恩返ししたい地方出身者はたくさんいるはずだ」と市議時代からあたためていた政策でもあった。

ふるさと納税をすれば、納税者が住む自治体とは別の自治体にお金が回ることになる。総務省内には「行政サービスを受ける住民が税を負担する『受益者負担の原則』に反する」と反対論が強かった。それでも菅は「絶対にやる」と一歩も引かず、08年に制度を実現させた。総務相を退任し、野党転落を経て自民党が政権に返り咲くと、官房長官として制度の普及に水面下で手を尽くした。15年4月から、寄付先が5団体以内なら確定申告が不要になったのも菅の働きかけによるものだ。

これに対し、ふるさと納税を担当する総務省自治税務局長の平嶋彰英は、返礼品競争が激化するおそれや、高所得者への優遇につながる点などを挙げ、菅に抵抗した。平嶋は15年7月、自治大学校長に転出となった。局長からの異動先としては異例のポストだった。平嶋に限らず、周囲も「左遷」と受け止めた。権力の階段を上るにつれ、菅はキーパーソンとなる人物が刃向かえば、それを排除することもできる立場になっていった。

霞が関で恐れられる菅は、心のどこかで無理を重ねているのかもしれない。湯沢高で同級生の伊藤は上京した際、総務相時代の菅と食事を共にしたことがある。伊藤がふと気づくと、目の前の菅は店にあった爪楊枝をつまみ上げては、ポキポキと何本も折り続けていた。政治家として権勢を振るう菅がさらされている重圧の大きさがうかがい知れた。

政治家としての菅は、気心の知れた人間以外には感情を顔に出すことが少ない。国会議員時代から菅と付き合いがある千葉県知事の森田健作は9月17日、首相就任直後の菅を首相官邸に訪ねた。

「首相は官房長官と違うんだから、ポーカーフェースは駄目ですよ。もうちょっと笑顔を出した方がいいですよ。その方が女性からも『かわいい』と言われますから」

そう森田が助言すると、菅は「うまく笑えねえ」と返した。

菅は口数も多い方ではなく、「口べた」と見られることがふつうだ。首相官邸裏のザ・キャピトルホテル東急で朝食をしばしば共にする国会議員は「7〜8割は自分が話をしている」と打ち明ける。「菅さんは黙々と食べて、たまに質問する。この沈黙が続くのに耐えられないから、こっちから話をしてしまう」というのだ。

しかし、大学の空手道サークルで同期の岡本は「よく大声を出して、冗談を言って笑っていた」という菅の姿を記憶している。表情を変えず、余計なことを言わないようになったのは、生き馬の目を抜く政界で心の動きを悟らせないための、菅なりの処世術でもあるようだ。

その政界で菅の存在感が一気に高まったのは、19年4月のことだった。

第二章　「菅さんからけんかを売られた」——「令和おじさん」への逆風

「何で一番じゃないんだよ」

「安倍1強」と呼ばれた政治状況は、決して安倍一人の力によるものではない。菅は12年12月の第2次安倍内閣発足以降、一貫して官房長官として政権を支えてきた。外交や安全保障政策を好む安倍のもとで、自らを「黒子」と称し、危機管理や内政を主に担った。菅の官房長官秘書官を務めた一人は、安倍と菅の関係を「戦略的互恵関係」と評する。「長官は政策をやりたい人。イデオロギーには無関心で現世利益の人だ。政策をやることにこの上ない幸せを感じている」。イデオロギー色の強い安倍とは、自然に棲み分けができていた。

官邸主導を演出してきた両者の絶妙な「共生」のバランスは、いつから狂い始めたのだろうか。多くの関係者がその伏線になったと証言するのは、19年4月1日の新元号「令和」の発表である。

「新しい元号は、令和であります」。官邸1階の記者会見室で、菅が新元号の額を持ち上げる姿は当時、繰り返し報道された。

菅は「令和おじさん」との愛称をつけられ、一躍、「時の人」になった。6日、北海道知事選の応援に駆けつけた菅がJR札幌駅前でマイクを握ると、スマートフォンのカメラが一斉に向けられた。「新元号『令和』を発表させていただきました」と張り上げた声に、1000人を超える聴衆から拍手が沸き起こり、「菅さ～ん」と歓声が飛んだ。演説後は握手を求める人でもみくちゃにされた。

やはり官房長官として「平成」の新元号を発表した小渕恵三は「平成おじさん」と呼ばれ、お茶の間に顔が知れわたった。小渕はその後、首相にまで上り詰めた。菅は「ポスト安倍」に関する世論調査で、安倍、小泉進次郎、石破茂に次ぐ4位に浮上した。それを知った菅は「何で一番じゃないんだよ」と冗談を飛ばしつつ、「テレビで露出しているから人気が出たんだろ。今は『人寄せパンダ』みたいだけど、すぐ下がるだろ」とまんざらでもない様子を見せた。

永田町でも、新元号発表をきっかけに菅を見る目は変わっていった。岸田派名誉会長で元幹事長の古賀誠は8日のBS日テレの番組「深層NEWS」で、「当然、ポスト安倍の候補の一人には間違いない」と菅を持ち上げた。古賀はポスト安倍に意欲を示す政調会長・岸田文雄の後見人でもあり、発言は永田町に波紋を広げた。自民党幹事長の二階も10日発売の月刊誌「文藝春秋」のインタビューで、「この難しい時代に官房長官として立派にやっている。素直に評価に値する」と菅を手放しでほめ、「ポスト安倍」候補として「十分耐えうる人材だ」と評価した。

発表から約2週間後の13日、東京・内藤町の新宿御苑で、毎年恒例の首相主催「桜を見る会」が開かれた。八重桜が咲き誇る中、菅の前にはひときわ長い行列ができていた。「写真お願いします」「握手して下さい」。菅が休みなく写真撮影や握手に応じても、列が途切れることはなかった。集まる人の数は、主催者である安倍の周りよりも多かった。

「菅は虚像が大きくなっている」

菅は長らく、無派閥を貫いてきた。しかし、党内には菅を囲み、「菅系」と目される無派閥議員の集まりがある。

4月10日夜、菅は出身地・秋田名物の稲庭うどんを振る舞う東京・赤坂の店を訪れた。坂井学や星野剛士《つよし》ら無派閥の若手・中堅衆院議員十数人が席を共にした。

「令和で俺も人気者になっちゃったな」

酒を飲まない菅は、水が入ったグラスを片手に笑顔で軽口をたたいた。札幌での人気ぶりを「人が集まったんだよなぁ」などと振り返り、場を盛り上げた。

その場に居合わせたのは「ガネーシャの会」のメンバーだった。菅に近い自民党の中堅・若手議員のグループである。会の名称は、ヒンズー教の富をもたらす現世利益の神「ガネーシャ」の名に由来する。菅自身はメンバーではないが、夜のグループ会合には努めて顔を出してきた。メンバーからの政策の相談にもマメに乗り、「よし、やれ」「行け」と指示を飛ばした。

ガネーシャの会は派閥と同様、毎週木曜の昼に弁当を食べながら意見交換している。結束は固く、18年の党総裁選では安倍を支持した5派閥の「別働隊」として陣営を下支えする役割を果たした。「竹下派が昔、『一致結束箱弁当』といわれたが、今はうちが一番あてはまる」。メンバーの一人は胸を張る。

25日には、衆院議員・菅原一秀《いっしゅう》が主導する「令和の会」（約15人）が新たに発足した。菅原は父親が秋田県出身という縁もあり、菅に近い人物だ。このほか、党内には菅と当選同期で親しい衆院議員・河井克行を中心とする「向日葵会《ひまわり》」（約10人）があった。これらの枠組みとは別に、名称はないものの、10人前後の参院議員の集まりも存在する。党内約70人の無派閥議員のうち半数近くは「菅系」と目されていた。

着々と党内基盤を固める菅の動きは、いやが応でも周囲の関心を集めた。安倍もその一人だった。この頃、ポスト安倍レースをこう解説してみせた。「石破は『令和に違和感がある』とか言って失速したよね。主流派では菅さんがトップになった。派閥も持っている。『ガネーシャの会』って完全に派閥だから。菅さんを親分と呼んでいて結束力も高い。副大臣以下の人事は菅さんに全部任せているが、ポストをだいぶ配分している」

その後も、マスコミは盛んに菅を取り上げ、安倍と菅の2人の関係をかき立てる記事も少なくなかった。安倍を盟友として支える麻生は、菅がポスト安倍として存在感を高めていくことに心中穏やかではなかった。「菅は連日ニュースになっているねえ。二階派の内部は結構、菅に持って行かれているという話もあるじゃねえか」。側近にそう漏らし、不愉快そうな表情を浮かべた。

麻生と菅は政権の屋台骨として安倍を支えてきた。12年の第2次安倍内閣発足以降、同じポストに座り続ける閣僚はこの2人だけだ。互いの立場は尊重しつつも、政策や解散戦略を巡って意見が鋭く対立することもあり、その関係は常に緊張をはらんでいた。

麻生は菅という人間を政治家として信じ切れないでいた。

08年9月の首相就任直後、衆院解散を模索した際、選挙対策副委員長だった菅は解散先送りを訴えた。内閣支持率の伸び悩みやリーマン・ショックの余波もあり、麻生は菅の言い分を受け入れて解散を断念した。だが、09年8月に行われた衆院選で、麻生率いる自民党は民主党に歴史的大敗を喫し、下野することになった。

民主党からの政権奪還を目指した12年9月の自民党総裁選は、安倍を含めて石破、石原伸晃、町村信孝、林芳正の5人が乱立する大混戦となった。麻生と菅はともに、総裁返り咲きを目指す安倍を支援した。国会議員と党員による投票で、地方人気の高い石破が165票でトップに立った。安倍は87票で2位につけ、両者による決選投票にもつれ込んだ。

ここで麻生と菅の間に、ひと悶着あったとされる。菅自身は否定しているが、麻生によれば、「菅は決選投票の時、安倍に『降りて幹事長狙いだ』と持ちかけた」という。安倍は降りることなく国会議員票の上積みに成功し、総裁の座をつかんだ。菅の話題になると、麻生はよく、このエピソードを持ち出す。

麻生は「おれと菅はあの時から決定的に違う」と考えていた。「菅は虚像が大きくなっている」。麻生には、そう思えてならなかった。

19年4月1日、麻生派の国土交通副大臣・塚田一郎の発言が問題となった。塚田はこの日、北九州市での集会で、現地と山口県下関市をつなぐ下関北九州道路構想に触れ、「安倍首相や麻生副総理が言えないので、私が忖度《そんたく》した。国直轄の調査(対象)に引き上げた」と語った。

山口は安倍、福岡は麻生の地元である。野党は「典型的な利益誘導政治だ」と一斉に批判した。

塚田は麻生の元秘書だった。子飼いの失言に、麻生は「辞めるほどのことではない」と守ろうとした。安倍も麻生への配慮からか、4日の参院決算委員会で「職責を果たしてもらいたい」と繰り返した。

一方、菅は容赦なかった。「何の権限もないのに背伸びして」と塚田への不快感をあらわにし、水面下で塚田辞任に動き始めた。4日の参院決算委の後、菅は塚田に「身の処し方は自分で考えてほしい」と迫った。菅に引導を渡された塚田はこの夜、麻生に「迷惑をおかけした。辞任したい」と伝え、翌5日、国交相の石井啓一に辞表を提出した。

塚田は17日に自民党新潟県連会長を辞めた。菅は「遅かったね」と突き放した。

総理以上の厚待遇

さらに、菅が存在感の大きさを見せつける機会がやってきた。

4月25日、菅は5月9～12日の日程で米国を訪れると記者会見で発表した。「ワシントンDCでは米国政府要人と会談し、拉致問題の早期解決に向けてすり合わせを行うとともに、沖縄の基地負担軽減に直結する米軍再編の着実な実施を確認してきたい」と意気込みを語った。

危機管理を担う官房長官の外遊は極めて異例だ。菅の訪米は、安倍の得意分野である外交にも本格的に手を付けようとしていると永田町や霞が関で受け止められた。

首相の座を狙う政治家にとって、同盟国である米国とのパイプは極めて重要だ。安倍も自民党幹事長代理として05年に訪米し、副大統領のチェイニーら多くの政権幹部と会談したことがある。ホワイトハウスでは大統領のブッシュと出くわし、声をかけられた。外交の場では、偶然を装って格上の海外要人と顔合わせをするケースがままある。

菅の訪米が近づくと、読売新聞は4月30日の朝刊で「『ポスト安倍』菅氏急浮上　連休明け訪米『総裁選へ布石』臆測も」と報じた。

官邸の長官室には訪米前の打ち合わせのため、頻繁に外務省職員らが訪れた。外務次官の秋葉剛男《たけお》自ら長官室に足を運ぶことも珍しくなかった。省内で「総理外遊だって次官が直接、ロジ（外遊の際の後方支援）の説明はやらない」と驚きの声が上がるほどだった。

調整が進むにつれ、菅の会談相手と同行者は日に日に膨れあがった。通訳は総理通訳を務める通訳担当官の高尾直《すぐる》に決まった。訪米団は外務省や防衛省の局長級幹部ら約40人に上った。首相の外遊に匹敵する規模だった。外務省内にも「さすがにやりすぎではないか」という慎重論はあった。それでも、菅本人が止めようとしなかったという。

訪米前、菅は高揚感を隠せない様子だった。出発前日の5月8日、「ポンペオ（米国務長官はCIA長官の時にメシを食べたこともあるんだよね」「北朝鮮の人間模様に興味がある。例えば、本当に（正恩の側近である）金英哲《キムヨンチョル》がいなくなったのかとかね」と抱負を口にした。

「菅さんからけんかを売られた」

米国は安倍内閣の要であり、ポスト安倍に名前が上がる菅を手厚くもてなした。菅の米国滞在中、トランプ政権ナンバー2である副大統領のペンス、国務長官のポンペオ、国防長官代行のシャナハンという要人が相次いで会談に応じた。ポンペオは緊迫するイラン情勢を受けて欧州歴訪を切り上げた直後にもかかわらず、菅との会談に時間を割いた。米政府関係者は「菅にかなりの配慮をした」と明かした。

ペンスとの会談は5月10日、ホワイトハウスで行われた。日本側からは駐米大使の杉山晋輔、首相補佐官の和泉、米側からは副大統領首席補佐官のショート、副大統領国家安全保障問題担当補佐官のケロッグが同席した。

会談が進むにつれ、こわばった雰囲気はほぐれていった。菅は拉致問題相として、北朝鮮による日本人拉致問題に触れた。「安倍首相は条件を付けずに直接、金正恩《キムジョンウン》朝鮮労働党委員長に向き合う決意だ」と語り、問題解決への協力を求めた。米中の貿易摩擦も話題に上り、菅は「米中両国が対話を通じて建設的に問題解決をはかることを期待している」と伝えた。会談は約40分間にわたった。

ワシントンでの日程を終えると、菅はダレス国際空港からチャーター機でニューヨークに向かった。現地に着いた菅は、国連本部で開かれた拉致問題に関するシンポジウムに出席し、基調講演で「北朝鮮との相互不信の殻を破り、新たなスタートを切る考えだ」と述べた。

菅はニューヨークで、かつて駐日米大使を務めたキャロライン・ケネディの自宅に足を運んだ。ケネディは、丸いケーキの前に菅が新元号を発表した際の写真を入れた額を立てて出迎えた。2人は連携して沖縄問題に取り組んできた間柄だった。ケネディは「日本では菅さんと働けたことが最も思い出深い」と回顧した。

主な日程を終えた菅は10日、同行記者団の取材に応じた。「拉致問題の早期解決や米軍再編の着実な推進に向けて、連携を確認することができた。大変有意義だったと考えている」。無難に外交デビューを果たした菅は満足そうだった。

記者団から、訪米目的について「ポスト安倍に向けた地ならしではないか」と問われると、「あくまでも拉致問題担当大臣、および沖縄基地負担軽減大臣を兼任する立場から、政権の重要課題である拉致問題の解決と米軍再編の推進に向けて、日米両国の連携強化を図ることです」と否定した。

ニューヨークではこんな一幕もあった。

事前の段取りでは、報道陣の声かけに、セントラルパークを散歩中の菅が笑顔で応じる手はずだった。菅は直前になって外務省職員に中止の指示を出し、無表情を保ったまま、記者団の前を通り過ぎた。同行した職員は「浮かれているとみられるのを警戒した。ここはブレーキを踏んだ方がいいという判断だったんだろう」と振り返る。

しかし、菅が訪米したこと自体、官邸内に大きな一石を投じていた。菅の側近は当時をこう回想する。「首相周辺からすれば、あの訪米で菅さんから『けんかを売られた』と感じたんだろう」

帰国後の菅は外交に続き、経産省の勢力圏にも手を伸ばそうとした。

安倍内閣は「経産省内閣」の異名を持つ。首相肝煎りの政策は、経産省出身の今井と経産省経済産業政策局長の新原浩朗《にいはらひろあき》が主導した。２人が政策の方向を定め、安倍が未来投資会議などの場で関係閣僚らに指示を出すという流れができあがっていた。今井は自らの足場である経産省を聖域化していた。

５月14日の経済財政諮問会議は19年度の最低賃金の改定を控え、「３％程度」としている政府の引き上げ目標を見直すかどうかが議論となった。民間議員であるサントリーホールディングス社長・新浪剛史《にいなみたけし》は「もっとインパクトを持たせるためにも5％を目指す必要がある」とぶち上げた。これに同調したのが菅である。「私が言いたいことは今、新浪議員が全部言ってくれたが、日本（の最低賃金）は世界でみても非常に低い。地方で所得を上げて消費を拡大することが大事だ。最低賃金の引き上げをやっていくことは極めて大事だ」。菅と新浪は会食をともにする間柄で、示し合わせた発言であることは明らかだった。

最低賃金の引き上げは人件費を膨らませ、企業にとって重い負担となる。経産相の世耕弘成は「中小企業・小規模事業者の現場では、現行の引き上げペースが精一杯で、ぎりぎりの努力を行っているという現実もある」とくぎを刺し、3％を超える引き上げに慎重な姿勢を示した。民間議員の経団連会長・中西宏明も「現実の地方の声はなかなか厳しい」と足並みをそろえた。

菅がそれまで、経産省の案件にあからさまに介入することはまずなかった。「（菅の持論である）携帯料金の4割減は大手企業をこらしめればいいが、最低賃金は中小企業がもたない」。経産省の守護神を自任する今井は「3％」の維持に向け、巻き返しに動いた。最終的に、19年の経済財政運営と改革の基本方針（骨太の方針）には、最低賃金5％引き上げという表現は見当たらず、政府が目標とする全国加重平均1000円（時給）を「より早期に」達成すると明記されただけだった。

何とか菅を押し返した今井は「経産省と厚労省の期待を背負って菅さんとやり合った」と胸を張った。一方で「最近、菅さんの政策へのコミットがすごい」と警戒感をあらわにした。

「勝てる時に選挙をやるのが総理・総裁の仕事だ」

この頃、永田町最大の関心事は、安倍が7月の参院選に合わせて衆参同日選に踏み切るかどうかだった。

実際、安倍は同日選を模索していた。衆院解散を強く進言したのが、早期解散論者の麻生だった。「本気で憲法を改正したいのですか。それなら、衆院解散は10月の消費増税前しかタイミングはないですよ」。4月30日、東京都内の安倍の私邸を訪ねた麻生は、こう迫った。

自民党本部が5月上旬に参院選の情勢調査を行うと、改選議席124のうち60議席に届きそうだとの結果が出た。野党が改憲論議に応じないことを口実に同日選に打って出て、衆参両院とも改憲勢力で国会発議に必要な3分の2以上を確保する――。そうなれば、改憲の現実味はぐっと高まる。安倍も「勝てる時に選挙をやるのが総理・総裁の仕事だ」と意欲を隠さなかった。首相周辺は解散に備え、複数の選挙日程を検討した。

「令和」改元の祝賀ムードもあり、安倍内閣の支持率は高い水準を保っていた。読売新聞社が5月17～19日に行った全国世論調査では、安倍内閣の支持率は55％。19年に入って最高を記録した。自民党支持率は42％と、野党第1党の立憲民主党の4％を圧倒していた。

盛り上がる安倍に対し、菅は一貫して解散に慎重だった。菅がパイプを持つ公明党の支持団体・創価学会は、学会員の選挙運動の負担が重くなる同日選に反対していた。「総理は同日選をやりませんよ」。菅は創価学会や公明党幹部に何度も説明していた。

そんな中、金融庁が6月3日に公表した報告書が、官邸を取り巻く空気を一変させた。政府の金融審議会がまとめた報告書には「老後の生活資金に2000万円が必要」と書いてあった。

野党は「年金だけでは生きていけないのか」と一斉に批判した。第1次内閣で年金記録問題に苦しんだ安倍にとって、年金問題は鬼門だった。追い打ちをかけるように、地上配備型迎撃システム「イージスアショア」配備に関する防衛省の調査ミスが発覚した。

6月上旬の自民党本部の参院選情勢調査では、これらによるダメージが如実に表れた。同日選で衆院の現有議席284を減らせば、改憲どころではなく、党内の求心力も失いかねない。「参院選だけでも十分戦えるのに、解散する必要はない」。安倍は見送りの腹を固めた。

二階を外すか、それとも……

通常国会が6月26日に閉会すると、各党は参院選に向けて走り出した。

「令和おじさん」の菅は、応援弁士として引っ張りだことなった。菅が街頭に立つと、男女問わず若者までが記念撮影を求め、人だかりができた。「今回は見える景色が違う。これまで女子高生なんて集まらなかった」。菅はおどけるように語った。

菅が特に力を入れた選挙区の一つが広島だった。参院広島選挙区（改選定数2）には、自民党から岸田派ベテランの元防災相・溝手《みぞて》顕正《けんせい》に加え、新人の河井案里が立候補していた。案里は、菅に近い河井克行の妻だ。溝手は安倍が07年参院選で大敗を喫した時、「（安倍の責任は）当然ある」と言い切ったことがある。その後も参院幹事長だった12年、安倍を「もう過去の人だ」とこき下ろした。安倍の意向もあり、党本部は案里擁立に猛反対する地元県連を抑え、21年ぶりとなる広島での2人擁立に踏み切った。

菅は案里の全面支援に回った。パイプを持つ公明党には案里への投票を働きかけ、公示後も

2回にわたって広島に入った。現地では、自分の好物のパンケーキを案里と食べるパフォーマンスまで披露してみせた。7月21日、案里は当初の下馬評を覆し、初当選を果たした。党参院議員会長まで務めた溝手は落選した。

「よく頑張ったね」。菅は26日、克行とともに当選報告で官邸を訪れた案里をねぎらった。この夜、菅は「パンケーキ（のパフォーマンス）が結構取り上げられたらしいよ」と上機嫌だった。かたや、ポスト安倍の最有力とされる岸田は、岸田派の溝手を落選させただけではなかった。イージスアショアの調査ミスがあった秋田に加え、山形、滋賀の1人区でも岸田派の現職は敗れた。菅と岸田の明暗は大きく分かれる結果となった。

安倍が自らの後継として、岸田に期待していることは周知の事実である。2人は当選同期で、気心が知れた仲だった。安倍が酒をあまり飲めないのに対し、岸田は酒豪で知られる。保守色が強い安倍に、岸田は宏池会のハト派路線を継承する。それでも、万事控えめな岸田は安倍の下で長らく外相を務める間、安倍の外交方針にくちばしを突っ込むようなまねはせず、安倍から「裏切らない」と信頼を勝ち得ていた。

岸田は外相に続き、党政調会長で起用された。岸田派からは「次は幹事長を狙うべきだ」との声が盛り上がっていた。人事や選挙、資金管理など党の実務を一手に担う幹事長は、首相への登竜門とされる。9月の内閣改造・党人事で、安倍と今井は幹事長の二階を衆院議長か副総裁に格上げし、岸田を後任の幹事長に就ける構想を温めていた。

その案を安倍から聞かされると、菅は猛反対した。「いま二階幹事長がしっかりと党を押さえていて、政府もいい仕事ができているのに、本当に代えるつもりですか」と迫った。菅は岸田のことを全く評価しておらず、「首相の器ではない」と考えていた。幹事長続投に意欲を示す二階を外し、党内が不安定になることも懸念した。

安倍にとって間の悪いことに、先の参院選で自派の現職4人を落選させた岸田には「選挙に弱い」というイメージが広がっていた。選挙を仕切るべき幹事長が選挙に弱いのでは話にならない。次第に「岸田幹事長」構想はしぼんでいった。二階続投の決め手となったのは、公明党とのパイプの太さだった。「改憲に慎重論がある公明党を説得できるのは二階さんしかいません」。側近にこうアドバイスされた安倍は黙ってうなずいた。

読売新聞が9月5日の朝刊で、安倍が党役員人事で「二階幹事長と岸田政調会長を続投させる意向」と報じると、麻生は「岸田は幹事長の椅子をつかみ損ねた。幹事長にはこの先なれないかもしれない」と漏らした。

第4次安倍再改造内閣が11日、発足した。安倍は記者会見で「令和の時代にふさわしい憲法改正原案の策定に向かって、自民党は今後、(衆参両院の)憲法審査会において強いリーダーシップを発揮していくべきだ」と述べ、改憲への意欲を示した。

12日夜、安倍は人事をこう振り返った。「二階派の離反が怖いからね。二階さんは続ける気満々だったし。岸田さんは次だね」

一方、今回の内閣改造では、菅の意向が強く働いたことがうかがえた。菅系の無派閥グループ「令和の会」の菅原一秀は経済産業相、「向日葵会」の河井克行が法相に、それぞれ起用されたためだ。2人とも初入閣だった。

菅原は10日に安倍から入閣を伝える電話を受けると、すぐ菅に電話で報告した。菅は「本当に良かった。しっかり頑張って」と激励した。菅原は「菅さんが推薦してくれたのだろう。感謝している」と喜んだ。

「人事は首相の専権事項であり、首相自身が判断したということだろう」。菅は改造人事発表後の11日夜の記者会見で、素っ気なく語ったが、実際はもちろん違った。「菅原は予算委員会筆頭、議運委員会筆頭でちゃんと仕事をした。ああいう人を使わないと駄目ですよ」などと、安倍に強く進言していた。

菅にとって経産相に側近の菅原を送り込む意味は大きかった。経産省幹部によれば、菅原は就任すると、菅に電話で相談したり報告したりすることが日課になっていた。最低賃金でやり合ったばかりの今井を刺激するには十分だった。

環境相に就任した小泉進次郎も「菅カラー」を醸し出す一人だった。小泉は12年と18年の総裁選で石破に投票し、安倍と距離を置いていた。安倍がかつて官房副長官を打診した際、小泉が難色を示したこともあった。これに対し、菅は小泉と同じ神奈川選出で関係が近い。内閣改造に先立つ8月7日、小泉は官邸を訪れ、フリーアナウンサーの滝川クリステルとの結婚を菅に報告した。菅は安倍の在室を確かめると、小泉に安倍と面会するよう促した。小泉はこれに従い、官邸での異例の結婚発表となった。この後、菅は安倍に「進次郎、どうですか？」と改造時の入閣を持ちかけていた。

9月11日夜、改造後の記者会見を終えた菅は官房長官秘書官らと夕食をともにした。菅は新内閣の布陣について「いいだろう」と満足そうな表情を浮かべた。

「菅と今井のせめぎ合いだ」

内閣改造の裏で、今井の処遇を巡る暗闘が繰り広げられていた。

今井は第1次安倍内閣で首相秘書官を務め、安倍の知遇を得た。第2次内閣発足に伴い、経産省資源エネルギー庁次長から政務担当の秘書官に転じた。経産省には二度と戻らないことを覚悟した上でのことだった。以来、安倍の懐刀として絶大な信頼を受け、「影の最高権力者」とも称されていた。

安倍を頂点とする官邸は、菅と今井という2本柱で支えられてきた。かつては今井が菅の長官室に日参し、綿密に打ち合わせをする光景が見られたこともある。だが、菅がポスト安倍としてもてはやされると、今井は菅への警戒心を抱くようになっていった。

今回の改造前、今井が首相補佐官に就く代わりに政務担当の首相秘書官を外れるという情報が霞が関を駆け巡った。官僚たちは「菅さんの意向を受け、杉田さん（和博、内閣官房副長官）が動いているようだ」とささやき合った。事実、杉田は安倍に今井の後任の政務秘書官として、内閣府次官OBの名前を挙げたとされる。だが、首相の日程管理などをつかさどる政務秘書官という立場こそ、今井の力の源泉だった。今井はかつて、ある省庁幹部にこう漏らしたことがある。「政治は暦作りなんですよ。総理の日程、総理の時間を何にどう使うか、これが政治なんです。私は総理が（数ある政策の中から）そのうちの何をやるかを振り付けている」

ふたを開けてみれば、安倍は内閣改造に合わせ、今井を政務秘書官のポストに据えたまま、首相補佐官を兼任させた。もともと首相秘書官は政策に主体的に関わるポストではない。今井には補佐官として「政策企画の総括担当」の役割が付され、名実ともに政策全般を担う権限を得た。首相執務室がある官邸5階には今井の個室が用意された。補佐官は内閣官房の特別職で、首相秘書官に比べて給与も上がる。これまで長期政権を支えてきた今井への安倍なりの配慮でもあった。

存在感を増した今井は「他に政務秘書官ができるのがいるか？ いねえだろ。全然回らないよ」「（補佐官になって）一人で動きやすくなる部分はあるけど、基本的に今までと同じだよ」とうそぶいた。菅は、今井が補佐官と秘書官を兼務したことに「しっかりと政策をやってもらうということでしょ。正式に」と言葉少なだった。

官邸内のきな臭い動きを見た麻生は次のように解説した。「菅原一秀を経産相にしたのは菅だ。菅には今井や佐伯といった官邸の経産省の連中に対して、自分が経産省をグリップする狙いがあったんだろう。それに対して、今井がより力を強めようと補佐官に格を上げた。あれは間違いなく菅と今井のせめぎ合いだ」

菅原経産相の辞任

新元号を発表して以来、飛ぶ鳥を落とす勢いだった菅に一転して試練が降りかかった。

発端は週刊誌の記事だった。10月10日発売の週刊文春は「菅原経産相『秘書給与ピンハネ』『有権者買収』を告発する」と報じた。菅原が十数年前、地元選挙区の有権者にメロンやカニなどを配ったという内容だった。公職選挙法は、政治家による選挙区内の有権者への寄付行為を禁じている。

側近の醜聞にも菅は当初、「大丈夫でしょ」と余裕の構えだった。メロンやカニを配ったことは以前も報じられたことがあったからだ。菅は「何年前の話を出してんだよ。同じ話が前に1回出てるんだから」と強気を貫いた。
10、11日の衆院予算委員会で、野党は菅原の疑惑を追及した。菅は「堂々とやれ」と菅原を送り出した。立憲民主党の本多平直《ひらなお》は、菅原が有権者に配ったとする物品のリストを読み上げ、「110人にメロン、カニ、タラコ、筋子を配ったのではないか」と迫った。菅原は「確認したい」と歯切れの悪い答弁に終始した。それでも、与党内には「逃げ切れる」という楽観ムードが広がった。12日には台風19号が伊豆半島に上陸し、関東平野を縦断した。記録的な大雨で福島などの堤防が決壊し、死者・行方不明者は90人を超えた。政府は台風対応に追われ、野党の菅原への疑惑追及も尻すぼみに終わると思われた。
だが、23日にがらりと雰囲気が変わった。週刊文春が電子版で、菅原の公設秘書が17日、地元支援者の通夜で、2万円入りの香典袋を渡したと報じたのだ。香典も公選法が禁じる有権者への寄付行為にあたる。政府・与党内には「過去の話ならいざ知らず、先週の話ではもたない」と辞任論が沸き起こった。

さすがの菅もかばいきれなかった。25日朝、菅原は菅に会い、辞意を伝えた。菅は黙って話を聞いていた。菅原はその後、首相執務室に入り、「大切な国会審議の時間が自分の問題に割かれる事態になってしまった」と安倍に辞表を提出した。その場には菅も立ち会った。

菅原は国会内で記者会見し、「任期途中で大臣の職を辞することは慚愧に堪えない思いだ。今朝自ら決意し、先ほど総理に辞表を提出した」と語った。菅は記者会見で「安倍政権として改めて襟を正して、国民の信頼回復に努めていかなければならない」と語った。心の動揺を悟らせない、いつものポーカーフェースだった。

後任の経産相には梶山弘志が就いた。菅が「政治の師」と仰ぐ元官房長官・梶山静六の長男だ。無派閥で、菅との距離は近い。安倍の配慮で「菅枠」は何とか維持された。とはいえ、最側近の一人である菅原の閣僚更迭は菅にとって痛手だった。この夜、菅は「頑張ってたのにねえ」と無念そうにつぶやいた。

河井法相の辞任

だが、菅原の辞任は菅にとって、悪夢の幕開けに過ぎなかった。わずか6日後の10月30日、またも週刊文春が電子版で閣僚の疑惑を報じた。先の参院選で菅が後押しして初当選した河井案里の陣営が、選挙運動を行うウグイス嬢に日当3万円を支払っていたというものだ。公選法施行令はウグイス嬢の日当の上限額を1万5000円としている。案里の事務所は当選前、夫・克行の事務所に置かれていた。記事には「もう一人の菅側近も『疑惑のデパート』」と見出しがついていた。

克行は「記事が出るみたいですけど、問題ありません」と菅に報告し、菅も周囲に「大臣(克行)の問題じゃないでしょ」とかばった。

一方、事の成り行きに麻生は危機感を覚えていた。30日、首相執務室で「法務大臣は死刑をやる立場です。河井はもちませんよ」と安倍に進言した。「あれは菅さんの話だから」と素っ気なかった安倍も、麻生の話を聞くうちに真剣な表情になっていった。

その後の動きは速かった。安倍はその日のうちに更迭を決断し、後任に森雅子の起用を決めた。たとえ妻の疑惑でも、検事総長への指揮権を持つ法相に克行がとどまるのは難しかった。

31日、克行は官邸を訪れ、安倍に辞表を提出した。菅原の時と同じく、菅が同席した。提出後、克行は「今回の一件は私も妻も全くあずかり知らない」と記者団に疑惑を否定した。その上で「確認・調査を行う間、法務行政への信頼は停止してしまう。妻と相談し、一晩じっくり考え、今朝決断した」と辞任理由を説明した。

内閣改造から約1か月半で閣僚2人が辞任するという異常事態に、安倍は陳謝に追い込まれた。官邸で記者団に「河井氏を法相に任命したのは私だ。こうした結果となり、その責任を痛感している。国民の皆様に深く、心からおわびを申し上げたい」と語った。2人の側近閣僚を失った菅のダメージは、安倍よりもはるかに大きかった。順風満帆だったはずが、気がつけば逆風にさらされていた。

「菅原、河井は明らかに菅印だ。一連の騒動で、官邸や世論は菅がポスト安倍という雰囲気ではなくなりつつある」。麻生は菅の凋落を冷ややかに見ていた。

燃えさかる「桜」

11月に入ると、国会は「桜を見る会」を巡る疑惑で持ちきりとなった。

8日の参院予算委員会で、共産党の田村智子は、安倍が桜を見る会に後援会関係者を多数招待しているとして「私物化」だと批判した。安倍は「地元の自治会やPTAなどで役員をしている方と後援会に入っている方が重複することもある」などと答弁した。

桜を見る会は1952年から原則として毎年、時の首相が各界で功績を残した人などを慰労するために開いてきた。経費は国が負担する。民主党政権も２０１０年、首相・鳩山由紀夫の主催で開いたことがある。ただ、第２次安倍内閣以降、支出額は膨らんでいた。例えば14年（第２次内閣）の約３０００万円から、19年（第４次内閣）は約５５００万円に急増した。参加者も14年の約１万３７００人から、19年には約１万８２００人を数えた。

野党は、２閣僚辞任で弱った安倍内閣をさらに追い込むチャンスだと見た。11日には立憲民主、国民民主、共産、社民の４党で、桜を見る会の追及チームを発足させると発表し、翌12日にさっそく初会合を開いた。桜を見る会の事務局を務める内閣府が招待者名簿を廃棄していたことも明らかになり、与党からも「運営に不透明感が否めない」（自民党幹部）との声が上がり始めた。

「桜？　時期外れもいいとこだよ。民主党政権の時だってやってたんだから」。余裕の構えを見せていた菅も、ついに火消しに乗り出すこととなった。12日の記者会見で、招待者の選定基準を明確化する考えを表明すると、翌13日の記者会見で来年度の開催を中止すると発表した。中止を主導したのは菅だった。不祥事などの火種はさっと消す。２閣僚辞任の時には切れ味が鈍ったものの、危機管理を担ってきた菅のお得意の手法だった。

だが、今回は菅の狙い通りにはいかなかった。ここが攻めどころと見た野党の疑惑追及は収まるどころか、さらに勢いづいた。野党は、安倍事務所の対応に矛先を向けた。事務所が都内の高級ホテルで開いた桜を見る会の「前夜祭」で、１人５０００円の会費との差額分を事務所が負担した可能性があると主張した。事実なら、公選法や政治資金規正法に触れるおそれがある。野党４党は15日、公開質問状を事務所に提出した。

桜を見る会の事務局は内閣府だったため、菅が国会答弁を担うことになった。午前と午後の1日2回の定例記者会見でも、桜を見る会の質問が連日続いた。安倍絡みの案件で矢面に立たされた菅はストレスをため込んだ。

安倍も一向に疑惑追及が収まらないことにいら立っていた。今井は「内閣委員会で菅さんにやってもらっても、安倍事務所の話まで言えない」と限界を感じていた。桜を見る会はともかく、前夜祭は政府と無関係で、菅が答えるのは筋違いでもあった。安倍と今井は幕引きを図ろうと、安倍が直接、疑惑について説明することにした。国会での集中審議は「野党ペースに巻き込まれかねない」として断念し、官邸で記者の質問に答えるという対応に落ち着いた。

安倍は15日、官邸を出る際、3階のエントランスで記者団のインタビューに応じた。

「桜を見る会についてお答えいたします」。安倍はこう切り出し、用意した紙に目を落としながら説明を始めた。後援会員らが参加する「前夜祭」や観光ツアーの旅費、宿泊費などの費用は全額、参加者の自己負担で、「事務所や後援会としての収入、支出は一切ない」として、公選法や政治資金規正法に違反しないとの考えを示した。自らの事務所が参加者を募集し、参加人数が膨らんだことには「長年の慣行とはいえ、私自身も反省しなければならない」と陳謝した。

「もし質問されるなら今質問された方がいいと思いますよ。何かありますか？」

自ら記者に促し、約20分間にわたって質問に答え続けた。安倍と記者団が共に立ったままやりとりする「ぶら下がり」は1問か2問で終わることが通例で、これほど長く質問に答えるのは異例だった。説明責任を果たしているという姿勢をアピールする狙いがあった。しかし、国会での説明を避けたことで、かえって野党の怒りを買うことになった。立憲民主党国会対策委員長の安住淳はこの日の夜、「突然で大変驚いた。不意打ちのようなもので、あらかじめきちんと準備をしたマスコミの質問や、我々の準備しているものに一切答えず、大変失礼だ」と批判し、引き続き予算委員会での集中審議を求める構えを見せた。

秋元ＩＲ担当副大臣の逮捕

桜を見る会の疑惑は、じわじわと政権の体力を奪っていた。

読売新聞社が11月15～17日に行った全国世論調査で、安倍内閣の支持率は49％となり、前回調査（10月18～20日）の55％から6ポイント低下した。5割を下回るのは9か月ぶりだった。内閣を支持しない人に聞いた理由では、トップの「首相が信頼できない」が45％（前回35％）と大幅に上昇した。桜を見る会が影響していることは歴然としていた。

安倍は週明けの18日、再び官邸で記者団の前に立った。1問答えて立ち去ろうとした安倍は、記者が質問を続けると、引き返した。だが、安倍がいくら丁寧に説明しようとしても、疑惑は晴れなかった。「この問題はまだしばらく続く」。菅も長丁場を覚悟していた。

そんな中、安倍は20日に首相通算在職日数が戦前の桂太郎を抜き、憲政史上最長の２８８７日となった。

安倍は官邸で「短命に終わった第1次政権の深い反省の上に、政治を安定させるため日々全力を尽くし、一日一日の積み重ねで今日という日を迎えることができた。チャレンジャーの気持ちで、令和の新しい時代をつくるための挑戦を続けていきたい」と語った。だが、記者の質問は桜を見る会に集中し、喜びに浸る間はなかった。せっかくの記念日は、安倍にとってほろ苦い一日となった。

菅もこの日の衆院内閣委員会で、桜を見る会の答弁に忙殺されていた。菅は19年の桜を見る会の招待者として、安倍に約1000人の推薦枠を設けていたことを明らかにした。

妻・昭恵の関与については、菅と官僚の答弁が食い違う場面もあった。内閣審議官の大西証史《しょうじ》は「安倍事務所で幅広く参加希望者を募るプロセスの中で、夫人からの推薦もあった」と述べた。これに対し、菅は「夫人付（のスタッフ）に確認したところ、推薦作業に一切関与していないということだった」と答弁し、野党は「おかしい、おかしい、どっちが正しいんですか！」（立憲民主党・黒岩宇洋《たかひろ》）と声高に攻め立てた。

その後の記者会見で、菅は「（夫人の推薦は）承知していなかった」「詳細不明ですけど、安倍事務所において幅広く、参加希望者を募る過程で夫人からの推薦もあったということです」と釈明に追われた。

12月9日、臨時国会が閉会した。安倍は閉会にあたり、官邸で記者会見に臨んだ。ここでも、桜を見る会が話題となった。安倍は本音のところ、桜を見る会がここまで問題視されることに「法律違反があるわけでもあるまいし、尋常じゃないよ」と思っていた。それでも会見では、「国民の皆様から様々なご批判があることは十分に承知している」「招待者の基準が曖昧で、結果として招待者の数が膨れ上がってしまった。これまでの運用を大いに反省する」などと低姿勢に徹した。

安倍は「国会が終われば外交が続く」と巻き返しを期していた。会見ではイラン大統領のロハニの来日を調整していることを明らかにし、「この地域（中東）の緊張緩和、情勢の安定化に向けて、可能な限りの外交努力を尽くしていきたい」と力を込めた。下旬には中国での日中韓首脳会談に合わせ、中国国家主席の習近平、韓国大統領の文在寅との個別会談も予定していた。

一方、菅にはさらなる試練が襲いかかった。報じたのは、やはり週刊文春だった。12月12日発売号は、首相補佐官の和泉が厚生労働省官房審議官の大坪寛子と京都に出張した際、私的な観光をしていたと報じた。２人は不倫関係にあるとして、何枚もの「証拠」写真を掲載した。

和泉は国土交通省の技官出身である。若い頃から頭角を現し、住宅局の課長補佐時代に「局の人事を動かしている」という風説が流れたほどだ。本来のキャリアパスであれば住宅局長止まりのはずが、持ち前の才覚で次官級ポストである内閣官房の地域活性化統合事務局長まで上り詰めた。第２次安倍内閣では内閣官房参与を経て、首相補佐官を務めてきた。横浜市出身で、菅とは市議の頃から面識があり、霞が関の「菅人脈」の中では最古参に当たる。菅は和泉に政策を任せるだけでなく、省庁人事でも和泉の意見を参考にしていた。

菅は12日の記者会見で「和泉氏に報告を求めたが、公私は分けていたということだ」と問題視しない考えを示した。ただ、ほとぼりが冷めるまで、和泉は自由に身動きが取れなくなった。菅の力の源泉は霞が関を自在に使いこなすところにある。その際、司令塔となる和泉を使えなくなったことで、菅は大きなダメージを被った。

「文春は完全に菅を狙っている」「菅の台頭を警戒する安倍側近がリークした」。様々な臆測が飛び交った。問題となった和泉の出張は８月だったのに、12月になって報じられたことも様々な臆測を招いた。

菅への逆風は、年の暮れを迎えても終わらなかった。

12月25日、カジノを含む日本の統合型リゾート（ＩＲ）事業への参入を目指していた中国企業側から現金３００万円などの賄賂を受け取ったとして、東京地検特捜部は内閣府のＩＲ担当副大臣だった衆院議員・秋元司を収賄容疑で逮捕した。現職国会議員の逮捕は、２０１０年１月の元衆院議員・石川知裕（政治資金規正法違反で有罪確定）以来、約10年ぶりのことだった。

ＩＲはカジノのほか、ホテルや国際会議場が一体となった施設で、安倍内閣が掲げる成長戦略の柱の一つだ。特に旗振り役となっていたのが菅だった。25日の記者会見では、今後のＩＲ開業に向けたスケジュールについて「できるだけ早期にＩＲの整備による効果が実現できるよう着実に進めていきたい」と強調した。ただ、会見を終えた菅は「ＩＲのイメージがおかしくなっちゃうよな」と、つい本音を漏らした。

麻生は12月発売の月刊誌「文藝春秋」20年1月号のインタビューで、「菅さんは改元以来、注目されていますが、総理の座を狙おうという官房長官には全能感が出てくるもの。菅さんには今、安倍さんの代わりになろうとするオーラは感じませんけどね」と切り捨てた。

さらに、麻生は「安倍総理が本気で憲法改正をやるなら、もう一期、つまり総裁四選も辞さない覚悟が求められるでしょうね」としたうえで、ポスト安倍候補に岸田、厚生労働相の加藤勝信、防衛相の河野太郎の３人の名前を挙げた。

「オーラなんて感じられるわけねえだろう」。麻生にこき下ろされた菅は、気にもとめない風を装った。得意の絶頂から失意のどん底へ――。菅にとって激動の1年となった令和元年は、こうして幕を閉じた。

第三章　「やるなら真っ正面から来い」——新型コロナウイルス襲来

菅包囲網

２０２０年は、官邸にとって幸先の悪い話で幕を開けた。

カジノを中核とした日本の統合型リゾート（ＩＲ）事業を巡る汚職事件で、中国企業側が現金１００万円を提供したとしている５人の衆院議員側のうち、日本維新の会の下地幹郎《みきお》（比例九州）が1月6日、那覇市で記者会見し、受領を認めた。下地は「深く反省している」と謝罪した。５人のうち、公に受領を認めたのは初めてのことだ。下地は7日、離党届を提出した。

秋元司、そして下地と、ＩＲに絡む国会議員の不祥事が続いても、菅は意に介さなかった。

この日の夜、ＩＲのイメージへの悪影響を周囲に問われると、「だから、そうならないように、俺がＩＲ以前の問題だって（記者会見で）言ってるだろう」と予防線を張った。

菅は「観光大国を目指すうえでは必要」と公言しており、ＩＲに並々ならない思い入れを抱いていた。政府は、訪日外国人旅行者数を20年に4000万人、30年に6000万人とする目標を掲げている。6000万人の達成には、IRの開業が前提とされていた。とりわけ、菅は外国人富裕層の取り込みにIRが有力な手段になるとみていた。地元選挙区の横浜市が誘致を表明しているという事情もある。

さらに、IRは国会対策という側面も持っていた。官房長官として政府提出法案を確実に通すうえで、菅は大阪市長の松井一郎が代表を務める日本維新の会を重視した。維新は国会対応で、政府方針に対して「是々非々」で臨む路線を掲げており、与野党対立法案で賛成に回ってくれることもしばしばだった。菅からすれば、野党の間にくさびを打つには格好の存在と言えた。

一部週刊誌は、菅がIRに絡み、自ら誘致に関わっているなどと盛んに取り上げていた。菅は、自らを刺そうとする勢力へのいら立ちを募らせていた。「やるなら真っ正面から来いっていうんだよな」と持ち前の負けん気をむきだしにした。

19年から菅包囲網を作るような動きが目立つのは、政権における自身の存在感が一層高まったことの裏返しでもあった。そのことは、本人も「俺が去年、ぐわーっと急に来たからね」と認めていた。

「ちゃんと仕事をやっているだけなんだけどね。でも、これで強くなるんだよ」

菅は、半ば自分に言い聞かせるように漏らした。

一方の安倍は、IRにさほど執着していないとみられていた。1月20日、通常国会が召集された。23日の政府4演説に対する各党の代表質問で、安倍は行政側とIR事業者の接触を制限する規定を設ける方針を明らかにした。秋元らの汚職事件を踏まえ、IR事業を慎重に運ぼうとする動きと受け止められ、安倍と菅の温度差をうかがわせた。

これに対し、杉田は、菅の意を体して粛々とIRを推し進めようとしていた。政府のIR基本方針について「接触をしないとかどうとか、そういうものじゃない」と懐疑的な考えを持っていた。

そういう杉田も、安倍と菅の2人を軸とする官邸内の確執が世間の注目を集めていることは気になっていたようだ。

ある時こう漏らしたことがある。「最近なんかおどろおどろしいよな。何の雑誌だったか、官邸ポリスがどうとかね。総理から官房長官に寝返ったとか。笑ってしまうよな。今度は総理と長官の確執とか書くんだろう。もう書くことがないんだろうね」

結局、政府は1月末に予定していたIR基本方針の決定を先送りすることになる。IRにまつわる不祥事が続く中では、菅の分が悪かったようだ。

「甘利に刃向かう奴は俺がぶっつぶす」

外交で強みを発揮する安倍と、内政に力点を置く菅。そんな二項対立は、表層をなぞっただけの見方に過ぎない。

菅は番記者たちに囲まれても、基本的に口数は少なく、聞かれたことに短く答えるだけだ。ただ、時には自分から話題を振ることもある。1月15日、菅は問わず語りに馬毛島《まげしま》（鹿児島県西之表市）の買収話を持ち出すと、「外交がうまくいってるよね。アメリカは訓練の場所に困ってたんでしょうね」と満足げな表情を浮かべた。

馬毛島の買収は、日米関係にとってトゲとなりかねないテーマだった。日米両政府が馬毛島を米空母艦載機部隊の離着陸訓練の候補地に選んだのは11年6月にさかのぼる。それ以降、日本政府と地権者の交渉は曲折続きだった。防衛省は施設の安定利用のために売買契約を求め、所有権を手放したくない地権者は賃貸契約を主張したため、交渉は入り口から暗礁に乗り上げた。売買契約に向けた協議入りは16年11月のことだ。当初は政府側が約45億円、地権者側は約460億円を示し、折り合う気配はなかった。政府が当初見込んだ45億円は、島としての単純な資産価値である。その後、島にある滑走路用地や関連施設を加味した鑑定額として100億円をはじき出した。それでも地権者の希望額との差は大きく、菅の主導で60億円を積み上げ、大筋合意にこぎ着けた。

中国の軍拡や北朝鮮の核・ミサイルの脅威に対し、強力な打撃力を持つ空母部隊は米軍による抑止力の要となる。訓練で艦載機パイロットの技量を維持することは、日本の安全保障にとって死活問題だ。米国は現在、遠隔地の硫黄島（東京都）で訓練を行っている。馬毛島で訓練ができれば、パイロットの安全確保につながるだけでなく、訓練に伴う費用負担も大幅に軽くなると見込まれた。

この難しい交渉を仕切ったのが、菅の側近で知られる和泉である。和泉の元には、国会議員から「買収額は200億円でどうか」という話が持ち込まれるなど、様々なルートを通じた働きかけがあった。買収額をつり上げようとする地権者側の揺さぶりもしばしばだった。それでも、「いざとなったら土地収用すればいい」と強気の姿勢で話をまとめた。

政府が19年12月2日、馬毛島の買収合意を発表すると、菅のもとに米国防長官のエスパーから丁寧な礼状が届いた。菅にしては珍しく自らの手柄を番記者に誇ったのは、手腕を米側に認められ、よほどうれしかったからのようだ。

馬毛島に限らず、菅は沖縄基地負担軽減担当としても結果を出してきた。16年12月、沖縄県の国頭《くにがみ》村と東村にまたがる北部訓練場の一部約4000ヘクタールが米側から返還された。1972年の本土復帰以来、最大規模の返還で、全国の在日米軍専用施設に占める沖縄県の割合は、約74%から約70%に低下した。

外務省幹部によれば、菅は米政府関係者と会うと、よく次の言葉を口にするという。「第2次安倍内閣になって、アメリカが『最初にやってくれ』と言ったことが三つある。それは全部やった」

その三つとは、国際結婚が破綻した際の子どもの扱いを定めたハーグ条約への加盟、米軍普天間飛行場（沖縄県宜野湾市）の移設、環太平洋経済連携協定（TPP）をさす。

ハーグ条約は、主要8か国（G8）で日本が唯一の未加盟国となっていた。日本では、2014年4月に発効した。菅は表にこそ出なかったものの、国会での早期承認にこぎつけるための根回しに相当動いたという。

政府は14年7月、米軍普天間飛行場の名護市辺野古への移設に向けた埋め立て関連工事に手を付けた。菅側近の和泉は埋め立てに当たり、防衛省の段取りのまずさにしびれを切らし、外務省なども加えた各省幹部を毎週月曜日に集め、工事を着実に進めるよう差配してきた。

TPPも16年2月に米国を含む参加12か国で署名にこぎつけた。米国はその後、「国際協調主義」の立場を取るオバマから「米国第一主義」を掲げるトランプへと大統領が代わり、TPPから離脱した。菅はTPP相の甘利明を強力にバックアップし、抵抗する関係者がいれば、「甘利に刃向かう奴は俺がぶっつぶす」とすごんだとされる。

前述の外務省幹部はこう評する。

「菅さんの外交っていうのは直接、外国の相手とやり合うことじゃなくて、日本国内の力を持っている人間を押さえて実現させるっていうやり方だ。三つとも『俺がかなりやったんだ』という自負はあるはずだ」

こうした菅の働きは、米政府も把握しているという。「これまで動かなかった問題がどうして動いたのかを調べると、『菅官房長官が本当はやったんだ』ということがわかる。水面下で実際は菅さんがやった、ということが色々と知られている」。この幹部は、そう太鼓判を押す。

これまでにも安倍が内政に指導力を発揮する場面はいくらでもあったし、菅が行き詰まった外交上の課題に手を出すことも決して珍しくなかった。むしろ、互いの目が届かないところを補い合ってきたからこそ、官邸主導をたしかなものにしてきたと言える。

しかし、2人の政策の優先順位はぴったりと一致するわけではない。そのことは微妙なすれ違いを生み、両者の関係に暗い影を落としていった。

コロナが封じた憲法改正

政権末期が近づき、レガシー（政治的遺産）作りに燃える安倍は憲法改正への決意を固めていた。1月20日の施政方針演説で「国のかたちを語るもの。それは憲法だ。未来に向かってどのような国を目指すのか。その案を示すのは、私たち国会議員の責任ではないか」と呼びかけた。

改憲の国会発議は現憲法下では例がない。発議にこぎつけるには、「最低でも2〜3国会はかける必要がある」というのが大方の相場観だった。仮に発議までに3国会を費やすとすれば、この日開会した20年の通常国会で審議がスタートし、20年秋の臨時国会を経て、21年の通常国会でようやく実現する計算だ。

安倍の自民党総裁任期は21年9月末で切れる。本人は1月12日のNHK番組で、総裁の連続4選や総裁任期延長について「本当に考えていない。頭の片隅にもない」と否定していた。その発言を額面通りに受け取るなら、首相として臨むのは21年の通常国会が最後となる。任期中の改憲という悲願を果たすには、時間的な余裕はほとんどない。

一方で、安倍は「（衆院を）解散すべき時が来たと思えば、躊躇はないが、現在のところは全く考えていない」と含みも持たせていた。かねて、自民党内には「改憲論議が滞れば、衆院解散・総選挙に踏み切って局面の打開を図る」との見方がくすぶっていた。派閥領袖の一人も「首相は改憲のためには解散も辞さない覚悟を固めている」と語った。

安倍が早期の解散・総選挙に踏み切るとして、想定されるタイミングは次の通りとみられた。最も早い解散のタイミングは20年1月下旬以降、19年度補正予算が成立した直後だ。大型経済対策を政権の成果として訴えることができる利点がある。ただ、党内には「『桜を見る会』や『IR汚職』の逆風下では議席を大幅に減らす」（閣僚経験者）と否定的な声も強かった。20年度予算成立後の4〜6月も取りざたされていた。さらには、「通常国会の会期末に解散し、7月5日の東京都知事選と衆院選の『ダブル選挙』もあり得る」（自民党幹部）との分析もあった。7〜9月の東京五輪・パラリンピック後、五輪ムードの盛り上がりを受けて解散に踏み切れば、与党が有利に選挙を戦えるというわけだ。

解散を打つのか打たないのか。和戦両様の構えを見せつつ、長期政権の総仕上げに取りかかろうとする安倍をめがけ、思いもよらない方向から矢が飛んできた。

新型コロナウイルス感染症である。

中国湖北省武漢市では、19年末からこれまで見られなかったウイルスを原因とする肺炎が多発していた。調査の結果、病原体となったウイルスは新型のコロナウイルスだと断定された。中国政府の専門家チームトップで呼吸器専門医の鍾南山《ジョンナンシャン》は1月20日、「人から人への感染は間違いない」と明言した。これを受け、急速な感染拡大を懸念する世界保健機関（WHO）は、専門家による緊急委員会の招集を決めた。

日本政府は翌21日朝、初の関係閣僚会議を開いた。安倍は「中国で患者数が増加しており、一層の警戒が必要になる。国民に迅速かつ的確な情報提供を行ってほしい」と水際対策の徹底などを指示した。折しも、中国の春節を控えていた。このまま必要な措置を講じなければ、日本を訪れる中国人旅行客らがウイルスを持ち込むことは火を見るより明らかだ。

しかし、事態は日本政府の想定をはるかに超えるスピードで悪化していった。中国・武漢市政府は23日、市内で広がる新型コロナウイルスの感染拡大を抑えるため、市外に出る航空便や鉄道のほか、市内全域のバスや地下鉄などの公共交通機関の運行を停止する措置を始めた。住民には「特殊な事情がなければ武漢を離れてはならない」と呼びかけた。「都市封鎖」の始まりだった。

「都市封鎖」は英語で「ロックダウン」と訳される。東京都知事の小池百合子がコロナ禍で不用意に使ったことで、日本でも「東京が封鎖されるのでは」との誤解とともに、広く知られるようになった。日本の法制では、生活に必要な外出や公共交通機関の運行が禁じられるわけではなく、実現不可能だ。

これに対し、一党独裁の中国は感染封じ込めのため、徹底的な都市封鎖に踏み切ることができた。外部との交通手段の全面遮断はおろか、住民の行動も街中に設置した監視カメラですべて把握できる。中国のような徹底した管理社会だからこそなせる荒業と言えた。

1100万人もの人口を抱える武漢は、東京都の1400万人に迫るほどの大都市だけに、在留邦人も相当数いることが見込まれた。封鎖が始まれば、彼らは袋のネズミとなって孤立しかねない。市内にはウイルスが蔓延しており、在留邦人の間に感染が広がるおそれも高まっていた。

ここで乗り出してきたのが今井である。初動段階から外務省とは別に、出身省庁の経産省とつながりの深い日本貿易振興機構（JETRO）の現地事務所などを通じて独自に武漢の様子を探っていた。今井はすぐに、現地が抜き差しならない状況になっていることに気づいた。

「外出ができず、これ以上生活できない」

外務省の聞き取り調査に対し、帰国を希望する在留邦人の悲鳴のような訴えは25日になって急増した。それまで中国政府の本気度を測りかね、多くの邦人が「まだ大丈夫」などと様子見をしていた。しかし、この日の春節を受けて中国政府が海外への団体旅行の禁止を表明し、武漢で移動制限が強まると、現地邦人はにわかに浮足立った。

政府は26日、武漢市に在留する日本人のうち希望者全員をチャーター機で帰国させる方針を決めた。在留邦人が民間チャーター機で国外退避した事例には、1989年6月に中国で起きた天安門事件や、98年5月にインドネシアで発生したジャカルタ暴動、2002年6月のインドとパキスタンの緊張激化などがある。感染症による大規模な在留邦人の国外退避は初めてのことだ。

今井をはじめ官邸スタッフがフル稼働し、チャーター機の確保などに動いた。スタッフの一人は「バスを使って武漢を巡回して在留邦人をピックアップして空港に連れて行って、すぐに乗り込ませる計画なんだけど、その情報収集が大変なんだ」とこぼした。安倍の指示で、外相の茂木《もてぎ》敏充が26日に中国国務委員兼外相の王毅《ワンイー》と電話会談し、協力を求めた。

米国やフランスなども自国民を出国させるため、各国で武漢の空港の「発着枠争い」が起きていた。当初はチャーター機2機を出発させる腹づもりだったが、実際には1機のみとなったうえ、予定より半日遅れの28日夜になってようやく日本を出発した。

日本政府内でも、ひと悶着があった。第1便を帰国させる前、在留邦人が帰国した後の対応策を官邸で協議した時のことだ。官邸側は発熱やせきなどの症状がなくても、施設に一定期間待機させようとしていた。

これに、厚労省は異論を唱えた。「とどめおくだけのエビデンスがない」。審議官（医系技官）の大坪寛子は、そう訴えた。厚労省は「法律上、症状のない人に隔離を強制することはできない。人権問題になる」との立場を取っていた。そのため、新型コロナの症状がない帰国者は公共交通機関で帰宅させるつもりだった。

そこに、首相秘書官の一人が「みんな家に帰しちゃだめだ」と割って入った。官邸は29日、万が一に備え、無症状の人でも全員、千葉県の宿泊施設に滞在してもらうことを決めた。翌日、無症状の帰国者2人から陽性反応が確認され、官邸の不安は的中した。「厚労省は何をやっているんだ」。安倍は周囲に、そう不満を漏らした。

省庁を率いる閣僚とは異なり、自前のスタッフをほとんど持たない首相がこの種のオペレーションを陣頭指揮するのは「史上初」（政府関係者）のことだ。ただでさえ時間も限られる中、ドタバタの邦人救出劇となった。それでも、他国に先駆けて武漢の在留邦人をチャーター機で帰国させることに成功し、「外交の安倍」としての面目を施した。

かたや、菅はほとんど出る幕がなかった。チャーター機による邦人帰国について、「（日本の対応が）早かったからでしょ。あとは（中国が）日本のことを大事にしているんでしょ」と、評論家めいた感想を漏らした。

ダイヤモンド・プリンセス入港の裏で

新型コロナ対応では影が薄かった菅も、いやおうなしに当事者として巻き込まれる日がやってきた。

2月3日、新型コロナの感染者が乗船していたクルーズ船「ダイヤモンド・プリンセス」が横浜港（横浜市）に帰港した。ダイヤモンド・プリンセスは横浜港発着で、香港やベトナムなどを巡る15泊16日のツアーを組んでいた。

厚労省は3日夜から4日午前にかけ、乗員・乗客約3700人の健康状態を船内で調べる検疫を行った。

クルーズ船の船籍は英国とはいえ、寄港を許したからには事実上、国内の危機管理となる。ごく自然な流れで、菅―杉田のラインが対応に当たることになった。4日深夜、乗客らのPCR検査の結果が報告されると、菅は強い衝撃を受けた。検査を受けた31人中、10人から陽性反応が出ていたからだ。乗船者数から単純計算すれば、船内には約1000人もの感染者がいることになる。「これは大変だ」。菅はすぐに、都内のホテルに厚労相の加藤勝信、国土交通相の赤羽《あかば》一嘉《かずよし》や内閣危機管理監の沖田芳樹らを呼び集めた。

菅は感染者の入院に備え、念のため、横浜市内の感染症指定病院のベッドを20床確保してあった。感染者を海上保安庁が搬送する手はずまで決めてあった。しかし、1000人規模で感染者がいるとなれば、病院の収容能力をはるかに超える。ダイヤモンド・プリンセスは18階建てで、全長290メートル、全幅37・5メートル。3700人が乗る巨大船は、菅に言わせれば「一つの街みたいなもの」だ。そこに感染者がひしめいていたとしたら――。そんな事態は、菅をはじめとする関係者の想像を絶していた。

「とにかく乗員・乗客は船から降ろせない。降ろせばウイルスが国内に拡散する可能性がある」

この場で、船に封じ込めるという基本方針を立て、対処することになった。実際には、それ以外の選択肢は取れなかったとも言える。

間の悪いことに、菅が片腕と頼む和泉は1月下旬に帯状疱疹を患うなどして心身ともに疲弊し、文字通り身動きが取れない状態だった。週刊誌はなおも執拗に和泉と大坪を追い続けていた。２人の海外出張にまつわる続報などもあり、とても和泉が新型コロナ対応に当たることができるような状況ではなかった。

クルーズ船の対応では、菅らの想像を超えることが続出した。ＰＣＲ検査を行おうにも、国内の検査能力に限界があるため、全員に受けてもらうのは無理な相談だった。乗員・乗客が56か国・地域に上っていたことも、菅にとっては大きな誤算となった。乗客は船内に閉じ込められて不満を募らせるにつれ、ＳＮＳで直接、本国の報道機関とやりとりし始めた。中には、必ずしも事実に基づかない発信内容もあった。

「打ち消していかないと大変なことになる」。そんな外務省担当者の懸念は的中した。実態を知らない人間からみれば、乗員・乗客の下船を許さない日本の対応は非情に映ったこともあり、米メディアは「人権侵害」、仏メディアは「浮かぶ監獄」などと、日本政府の対応をこき下ろした。

追い打ちをかけるように2月18日、クルーズ船内に入った神戸大教授の岩田健太郎が動画投稿サイト「ユーチューブ」で政府の感染防止策を批判し、海外で大きな反響を呼んだ。杉田は「ああいう人が出ると、どこも面白がってそればかり取り上げますから。イギリスなんて何もしていないのに、英ＢＢＣも好き放題ですよね」とこぼした。横浜発着とはいえ、ダイヤモンド・プリンセスは英国船籍である。あたかも日本の責任のように批判される毎日にげんなりした表情を浮かべた。

和泉を欠いたまま、初めての感染症対応に臨んだ経験は菅にとってかなりの重荷になったようだ。ダイヤモンド・プリンセスの船内での感染拡大が深刻になってくると、さすがの菅も「クルーズ船（への対応）は難しいよね」と珍しく弱音を漏らすほど、厳しい立場に追い込まれた。のちに、菅は「全く手探りの状況だった。従来の危機管理とは違った意味での戦いだった」と当時の苦労をしみじみと振り返ることになる。

「IRとか黒川の定年延長とか、俺は知らない」

この時期、菅は新型コロナ対応に専念していればよかったわけではない。菅の心をかき乱す懸案が新たに持ち上がった。東京高検検事長の黒川弘務の定年延長問題である。

政府は1月31日、63歳となるため2月7日に定年予定だった黒川の勤務を半年間延長する人事を閣議決定した。検察庁法は、検事総長の定年を65歳、その他の検察官を63歳と規定している。検察庁法には定年延長の規定がなく、慣例に従えば、黒川は2月で退官することになっていた。定年を迎えた検察官が勤務し続けるのは初めてのケースとされた。

なぜ黒川の定年を延長するかどうかが大きな問題となるのか。そこには、政治と検察の微妙な関係が影響している。

検察は行政機関でありながら、裁判に直結する起訴権を原則独占する。準司法的な性格を併せ持ち、時に政界捜査にも斬り込むという特異な存在だ。このため、政治権力から不当な影響を受けることがないよう、検察官には強い身分保障が認められている。地検の特捜部が国会議員を逮捕することもある一方で、過去には法相の犬養健《たける》が自由党幹事長の佐藤栄作の逮捕を防ぐために指揮権を発動したこともある。

こうした経緯を踏まえ、政府は1981年4月の衆院内閣委員会で、人事院幹部が「検察官に国家公務員法の定年制は適用されない」と答弁していた。

関係者によれば、次期検事総長の人選は、2019年末から官邸と法務省との間でひそかに進められてきた。法務省が複数の候補者を提案したのに対し、官邸サイドは「黒川が望ましい」との意向を示したという。

法務次官などを歴任した黒川は、官房長を長く務め、国会対応に長けていた。テロ等準備罪の創設を柱とした改正組織犯罪処罰法の成立などに携わり、「菅に近い」（自民党関係者）とされる人物でもある。菅自身も黒川を「優秀だ」と評しており、杉田も黒川の手腕を高く買っていた。官邸のお気に入りとされる黒川の定年延長は、検事総長の稲田伸夫の後任含みで、「官邸主導人事」との見方が広がった。

実際、菅は官房長官として、省庁の幹部人事を一元管理する内閣人事局をテコに「官邸主導」を定着させた人物だ。14年5月に発足した内閣人事局は、各省庁の次官や局長ら約600人の幹部人事を取り扱っている。それまでの霞が関の常識では、各省庁の事務方が固めた幹部人事案に所管大臣がハンコをつけば、官邸でひっくり返されることはまずないと言ってよかった。内閣人事局の発足は、人事決定権が実質的に官僚から官邸に移ることを意味していた。

それを象徴するように、初代と二代目の局長は当時、それぞれ政務の官房副長官だった加藤勝信と萩生田光一で、いずれも国会議員だ。内閣人事局長は首相が政務・事務の官房副長官から一人を選ぶことになっており、初代には官僚出身で事務の官房副長官を務める杉田が起用されるという観測もあったが、立ち消えた。安倍内閣が内閣人事局を霞が関支配のための政治手段とみていたことがうかがえる。

ところが、17年からは杉田が三代目を引き継ぐことになった。新たに官房副長官となった西村康稔《やすとし》が内閣人事局長になれば、「人事に相当、口を出しそうだ」と周囲に危ぶまれたというウラ事情があった。西村は安倍の出身派閥である細田派に属する。西村の妻は、安倍の祖父・岸信介や父・晋太郎を支えた元自治相・吹田愰《ふきだあきら》の娘という縁もあり、事実上、安倍の身内のような扱いを受けていた。

これに対し、菅と西村の関係はむしろ疎遠だ。例えば今回の新型コロナ対応で、西村が安倍に直談判して、菅の知らないままに政策を打ち出すこともしばしばだった。杉田が西村を押しのけて局長ポストに就くことができたのは、菅からの信頼を勝ち得ていたことが大きい。それが証拠に、西村の後任が副長官に就任しても、局長ポストには杉田が相変わらず座り続けた。

その杉田は黒川の定年延長について「(検察官に国家公務員法の定年制を適用するかどうかの)解釈権は法務省にあるわけだから、何も問題ない」との立場を取っていた。安倍周辺は「黒川を検事総長にしようという官邸の動きに東京地検特捜部が反発して、秋元の事件を手がけた。『警察出身の杉田が何で検察人事に口を挟んでくるんだ』という反発もあった」と解説した。

立憲民主党の山尾志桜里《しおり》は2月10日の衆院予算委員会で、黒川を国家公務員法の規定に基づき定年延長したのは過去の政府見解に矛盾するとして、「違法だ」と政府にかみついた。

山尾は検察官出身として、定年延長が持つ意味の重大さを肌で理解していた。黒川が官邸の後押しで検事総長に就けば、検察の事件処理に官邸や自民党への忖度が働きかねないとみた。「法的根拠が本当にあったのか検討し直す必要がある」。そう詰め寄る山尾に、法相の森雅子は

「検察官も一般職の国家公務員だ。（国家公務員に）勤務の延長を認める制度の趣旨は検察官にも等しく及ぶ」と反論した。

さらに山尾が「検事総長に任命することはありえませんね」とただすと、菅は「検察庁の業務遂行上の必要性に基づき、引き続き勤務させることにした。それに尽きる」と答弁した。

政府は、黒川の定年延長を正当化するため、理論武装を図った。安倍は2月13日の衆院本会議で「検察官も一般職の国家公務員だ」と述べ、延長前に国家公務員法の定年制を検察官に適用できるとする解釈変更を行ったと明言した。

騒ぎが大きくなるにつれ、検察庁内でも、官邸に人事で介入されることへの警戒感が高まった。「定年延長について納得のできる説明をしてほしい」。19日に東京・霞が関の検察合同庁舎で開かれた「検察長官会同」。全国の高検検事長や地検検事正らが一堂に会した場で、検事正の一人がそうただした。法務次官の辻裕教《ひろゆき》は「業務上の必要があって延長した」と答えるにとどめた。

一方、安倍が国会で言及した解釈変更は、野党の格好の攻撃材料となった。

法務省は21日の衆院予算委理事会で、検察官に国家公務員法の定年制を適用するとした解釈変更の決裁を文書ではなく口頭で行ったと説明した。理事会では、1月22日に解釈変更を人事院に相談したとする文書を示し、人事院は1月24日に解釈変更を認めたとする文書を提出した。内閣法制局は、法務省から1月17〜21日に相談を受け、反対意見がない旨を回答したことを示す記録を提出した。ただ、当初の文書には日付の記載がなく、この日の衆院予算委理事会に提出した文書は翌2月21日に日付を追記したものだった。野党は「正当な手続きで解釈変更をしたとつじつま合わせしようとしている」と反発を強めた。

ＩＲに続き、黒川の定年問題でも批判の矢面に立たされたことに、安倍は内心、不本意だったようだ。黒川との面識はほとんどなく、安倍は「ＩＲとか黒川の定年延長とか、俺は知らない」とこぼしていたという。

高まるフラストレーション

安倍はその頃、目の前のハエを追うことに懸命で、他のことに目を向ける余裕を失っていた。首相主催の「桜を見る会」の問題で、苦しい国会答弁を重ねていたからだ。19年の会における首相推薦枠は約１０００人に上っていた。安倍は1月28日の衆院予算委員会で、どうやって人を集めたのかを問う共産党の宮本徹に「幅広く募っている認識で、募集している認識ではなかった」と述べた。しかし、「募る」と「募集」の意味が違うという言い分はいかにも苦しい。安倍の「珍答弁」としてインターネット上で炎上するはめになった。

立憲民主党参院幹事長の蓮舫も翌29日の参院予算委で、安倍事務所の参加者募集方法を追及した。「どうやって（招待に）ふさわしいと判断したか」。政府の開催要領は推薦基準を「各界の代表者等」と定めており、首相推薦枠も基準通りか尋ねたわけだ。安倍は「内閣府で最終的にチェックしている」と繰り返した末、「事務所でチェックするといっても限界がある」と最後は開き直った。

その後、野党各党は「桜を見る会」の問題に対する攻撃の手を休めなかった。31日の衆院予算委では、桜を見る会の前日に安倍の後援会が例年行ってきた前夜祭がやり玉に挙がった。

「いったん（安倍の）事務所の秘書がお金を受け取っている。（会場のホテルと）契約したのは後援会でいいか」（野党共同会派の山井和則《やまのい》）

「契約の主体は参加者個人だ」（安倍）

前夜祭は、安倍の事務所関係者が参加者から集金し、ホテル側に渡している。このため、安倍は後援会に収支はなく、政治資金収支報告書に前夜祭を記載する必要はないと主張した。

野党は、後援会がホテルと契約したとみていた。契約関係など後援会の主体的な関与があれば、記載の責任が生じるとの読みがあった。

野党共同会派の大串博志は2月5日の衆院予算委で、前夜祭の参加費5000円が決まった経緯をただした。安倍はホテルと事務所側でやり取りがあったことを認め、野党は事務所側の関与がより浮き彫りになったと勢いづいた。

ついカッとなり、挑発に乗りやすい安倍の悪い癖も出た。立憲民主党の辻元清美は12日の衆院予算委で、質疑の終わりに桜を見る会などを取り上げ、「鯛は頭から腐る。頭を変えるしかない」などと批判した。いら立ちを抑えきれなくなった安倍は質疑後、自席から「意味のない質問だよ」とヤジを飛ばし、大問題となった。安倍はこの後の質疑でヤジを認めたうえで、「罵詈雑言の連続だった。一方的にののしる場ではない」と言い訳も試みた。しかし、このあおりで、翌13日の衆院予算委は流会した。安倍は後日、謝罪を余儀なくされた。

17日の衆院予算委では、野党が安倍の「虚偽答弁」をやり玉に挙げた。

「国会で真実と異なる答弁を繰り返してきたのではないか」。辻元は語気を強めた。追及材料としたのは、13年以降に前夜祭が計3回開かれたホテル側の説明だ。辻元が13年以降のパーテイーや宴席の開催形式などを尋ね、メールで回答が寄せられていた。

辻元が公表したメールによると、ホテル側は「代金は主催者からまとめてお支払いいただく」とし、一人ひとりから会費形式で受け取ることは「ない」とした。見積書や請求明細書を発行しなかったことや、宛名が空欄の領収書を発行したことがあるかどうかも尋ねたところ、ホテル側は「ない」と回答したという。

安倍はそれまで、自らの事務所関係者が参加者から会費を集め、その場でホテル側に渡したと説明していた。ホテル側との契約主体は参加者個人で、後援会に収支はなく、政治資金規正法違反（収支報告書の不記載）には当たらないという論法だ。安倍は明細書の発行を受けていないとしたうえで、「（ホテルは辻元の問い合わせに）一般論で答えたものであり、個別の案件は回答には含まれていない」と釈明に追われた。

安倍は国会で連日のように責め立てられ、「桜を見る会の答弁とか、自分のことでいっぱい、いっぱい」（側近）の状態だった。

菅は菅で、定例の記者会見で記者から質問を浴び、答弁に詰まる場面もしばしばあった。桜を見る会の問題は本来なら、森友問題、加計問題と並んで安倍や妻の昭恵に絡む話だ。菅に直接の関係があるわけではなく、必ずしも詳細な事実関係を把握しているわけではなかった。「安倍の弱みを握られたくない官邸スタッフが菅にきちんと情報を伝えていないのでは」といった臆測まで流れていた。安倍を支えるのが仕事とはいえ、新型コロナ対応と黒川問題で多忙を極める菅も、フラストレーションをためこんでいった。

自縄自縛の厚労省

国会が桜を見る会の問題で紛糾するかたわらで、新型コロナはクルーズ船だけでなく、国内でも流行の兆しを見せるようになっていた。2月13日に国内で初めて感染者が死亡したほか、その後も新たな感染者が相次いで判明した。国民は封じ込めに失敗した政府の新型コロナ対策に、厳しい目を向け始めた。

読売新聞社が14～16日に行った全国世論調査によると、政府の新型コロナ対応を「評価しない」が52％と半数を超え、「評価する」の36％を上回った。内閣支持率は47％で、前回調査（1月17～19日）の52％から5ポイント低下した。不支持率は41％（前回37％）で、支持と不支持が拮抗しつつあった。

2月下旬から日本国内の感染拡大が本格化すると、今度はクルーズ船対応から、日本国内の感染防止策の甘さに批判が集まった。立憲民主党などの野党が「対応が全て後手に回っている」と攻撃しただけでなく、与党からも「国内に目を向けるのが遅すぎる」（自民党中堅）との不満が出ていた。政府内でさえ「チャーター機とクルーズ船に一定の終わりが見えてきて、気がつくと国内の色々な所で感染者が出ていた」（厚労省幹部）と反省の声が漏れた。

政府の新型コロナ対応のもたつきは、厚労省の機能不全が一因となったことは多くの関係者が口をそろえている。

この時期、国内では感染者急増を受け、より強力な感染対策を求める声が上がっていた。中でも、新型インフルエンザ対策特別措置法に基づく緊急事態宣言への期待は強かった。

特措法を使えば、宣言に基づいて土地や建物の持ち主が臨時の医療施設を設けることを拒んだり、業者が医薬品や食品などの売り渡しに応じなかったりした場合、強制収用が可能だ。ただ、私権制限を伴うため、特措法を使える感染症は限られる。インフルエンザ以外には、「新感染症」しか認められなかった。

官邸は、厚労省が新型コロナ流行のごく初期段階に下した判断に縛られ、がんじがらめになっていた。

「『新感染症』に指定するのは、明らかに無理だね」

1月下旬、厚労省大臣室。厚労相の加藤は省幹部らを見渡すと、そう結論を出した。新型コロナによる肺炎が感染症法の「新感染症」に当てはまるのか、省内で協議した時のことだ。「新感染症」は、すでに知られている感染症とは「病状や治療の結果が明らかに異なる」ものをさす。いわば「未知の脅威」にあたるため、行政は入国に伴う検疫時に、感染者の隔離入院や停留などの措置を取ることができる。

一方で肺炎の病原体は「新型コロナウイルス」だと、中国で特定済みでもあった。厚労省とすれば、法的根拠に基づく「新感染症」の指定見送りは、ごく当然の帰結ではあった。

とはいえ、当時は国内初の感染者が確認されたばかりで、海外からの感染者を水際でどう防ぐかが課題となっていた。厚労省でも「首相が『新型コロナを新感染症と位置づけるように解釈を変えろ』といえば、不可能ではなかった」と振り返る幹部もいた。省内に「官邸の政治決断を促す」という発想が生まれなかったのは、ひとえに新型コロナを軽く見ていたことが大きい。当時は「新型コロナよりも、インフルエンザで亡くなる人の方がはるかに多い。あまり大騒ぎすることはない」（省幹部）という風潮があった。

野党は新型コロナを「新感染症」と認定するよう、政府を攻め立てた。政府は「新感染症にはあたらない」とする厚労省の判断を踏まえて国会で答弁した経緯があり、今さら覆せなかった。結局、国会での特措法改正を経て、政府は3月14日になってようやく、特措法を新型コロナ対策に使えるようになった。

今井の愚痴

野党の批判を浴びる中、政府は2月25日、新型コロナの感染症対策の基本方針を決めた。方針に明記したように、国内では「感染経路が明らかでない患者が散発的に発生」し、小規模な集団感染が一部地域で起きていた。ここで食い止めなければ、国内での蔓延が現実となる。それだけに、方針は政府として考えられる限りの感染防止策のメニューを並べており、国内の感染防止策の大原則となるはずだった。

安倍は、方針を決めた対策本部会議で「患者の増加スピードを可能な限り抑制し、国内での流行を抑えることが重要だ」と発破をかけた。集団感染が起きた地域を支援するため、感染症の専門家を含む対策チームを編成する考えも示した。

感染者との接触機会を減らす目的で、国民や企業などに、発熱など風邪の症状が出た場合の休暇取得や外出自粛、従業員の多様な働き方の推進などを呼びかけた。自宅などで勤務する「テレワーク」や「時差出勤」がこれに含まれる。状況に応じて、学校の臨時休校も要請するとした。

ただ、政府の訴えは一貫性を欠くきらいもあった。例えば、基本方針は感染の広がりや会場の状況を踏まえ、イベント開催の必要性を改めて検討するよう求めており、「現時点で全国一律の自粛要請を行うものではない」としていた。にもかかわらず、一夜明けた26日、今後２週間はイベントの中止や延期などの措置をとることを事業者に要請した。

要請後、杉田は「イベントに明確な線引きはできないんですよ。文化イベントと呼べるかどうかもそうですけど、大規模なのか、中規模なのかということも。主催者が会場の状況や規模を考えて、やめた方がいいと判断すれば自粛してくださいということです」と対応の難しさを漏らした。

感染拡大防止のためにはイベントを中止してもらいたいのはやまやまだが、政府が公然と中止を求めれば、キャンセル料などは事業者に代わって負担することになりかねない。結局、事業者に判断を委ねる形を取りつつ、自粛に追い込むという狙いもあったようだ。

一方、新型コロナ対策を取り仕切る今井は同じ26日、周囲に愚痴をこぼした。

「最近、総理は政策判断を俺にばかり委ねるんだよ」

今井は官邸の現状を「第１次安倍内閣の年金記録問題の時に雰囲気が似てきた」と見ていた。

「あの時も国民は直接的には総理のせいじゃないと分かりつつ、自分にかかわることだから総理にはけ口を求めた。今回も自分にかかわることだ」。そう今井は分析していた。

「東京五輪が中止になったら、政権は来年までもたないな。秋に退陣だな」

「そうは言いつつ、総理は何だかんだ言って運がいいから、ちゃんと五輪は開催できる気がするけど」

安倍や菅に負けず劣らず、今井も政府の新型コロナ対応がうまく回らず、ストレスを募らせていた。強気と弱気がない交《ま》ぜになってもいた。

「一斉休校」決断の舞台裏

その翌日、安倍は世間をあっと言わせる決断を下す。

政府は2月27日、新型コロナの感染拡大を防ぐため、全国の小・中学校、高校、特別支援学校を3月2日から春休みまで臨時休校とするよう要請することを決めた。安倍が27日夕、官邸で開かれた対策本部で表明した。

政府が全国の学校に対し、一律に休校を要請するのは極めて異例だ。新型コロナ対応の甘さを批判され続けた安倍が、起死回生のサプライズとして放った秘策だった。

安倍は対策本部会議で、「ここ1、2週間が極めて重要な時期だ。（今回の要請は）何よりも子どもたちの健康、安全を第一に考え、多くの子どもたちや教員が日常的に長時間集まることによる感染リスクにあらかじめ備える観点からだ」と一斉休校の要請理由を説明した。

入試や卒業式などを終えていない学校については、「感染防止のための措置を講じたり、必要最小限の人数に限って開催したりするなど、万全の対応を取っていただくようお願いする」と呼びかけた。また、行政機関や企業に対しては、「子どもを持つ保護者の方々への配慮」を求めた。

安倍の要請を待たず、一部の学校では休校に踏み切る動きもあった。例えば、感染者が相次いだ北海道で全ての小・中学校が27日から臨時休校を始めていた。とはいえ、感染状況を問わず、全国一斉に休校措置を取ることは教育関係者にとって想定外だった。

安倍が休校要請の腹を固めたのは当日、27日朝のことだ。この日は木曜日で、「今日を逃すと教育委員会が各校に休校指示を出すのが週明けになってしまう」と考えたためである。

一斉休校の要請を表明する直前の27日午後、文部科学相の萩生田光一は首相執務室で安倍と向き合った。その場には、今井が同席していた。

安倍は「一斉休校を考えている。まだ決めていないが、どう思うか」と切り出した。

文科行政の仕切り役を担う萩生田でさえ、安倍が数日前から一斉休校を検討していたことを知らなかった。

「もう少し準備期間が必要だし、学校以外にも社会的な影響が大きい」

萩生田は、休校要請に前のめりの安倍に、そう異論を挟んだ。

政府が25日に決めたばかりの基本方針では、臨時休校が適切に行われるよう、都道府県などが学校の設置者に要請することに触れていたに過ぎない。これを受け、文科省はこの日、児童・生徒が感染したまま登校していた場合に加え、感染者がいない場合でも必要に応じて休校を検討するよう通知を出すにとどめていた。「春休みの前倒しなどで対応すればいい」。そう考えていた萩生田が戸惑うのは、無理もなかった。

しかし、すでに腹をくくっていた安倍は、具体的な休校期間などを明らかにしないまま、「子どもの安全を最優先したい」と突っぱねた。萩生田が仕事を休まざるを得ない保護者への補償を求めると、安倍と今井は「あとは責任を持つ。任せてほしい」と引き取った。そこまで言われた萩生田は引き下がらざるを得なかった。

文科省はそこから、あわてて発表資料や全国の教育委員会向けの通知などの作成に取りかかった。事前に何の準備もしていなかったため、安倍が休校要請をぶち上げることになっていた27日夕の対策本部の開催が予定時刻より遅れるハプニングもあった。

一斉休校の表明を終えた安倍はその日の夜、周辺に「（判断は）難しかった。これで困る親もいるだろうしね」と揺れた心境を吐露した。

実は今井も自分の進言を容れて安倍が決断するかどうか、ぎりぎりまで確証が持てなかったようだ。のちに今井は「最初は何をやれば感染防止に効果的かって分かっていなかった。だから、一斉休校という安全策を取らざるを得なかった。安全を最優先せざるを得なかった」と述懐した。一斉休校を仕掛けた本人がその時、どこまで感染防止に役立つのか、確信していたわけではなかったのである。

予想されたこととはいえ、いざ休校要請が決まると、政府の新型コロナウイルス感染症対策の専門家会議（座長＝国立感染症研究所長・脇田隆字《たかじ》）からは「事前に相談はなかった」「感染者がいない地域でやっても効果があるのか疑問だ」と困惑の声が上がった。

与党の公明党も不快感をあらわにした。「首相が（休校要請を）言うと聞いたのは（27日の）発表15分前で大変困惑した。党本部には電話が殺到し、不安が寄せられている」

日頃、温和な人柄で知られる幹事長の斉藤鉄夫は28日に開かれた党の対策本部で、苦言を呈した。

官邸主導の象徴ともいえる一斉休校を決める場に、菅の姿はなかった。菅に仕える杉田も発表当日、「昨日の夜は本当に何も聞いていなかった」と率直に認めた。決定に関わった萩生田が「正副官房長官の会議を経てから決めた方が良かった。政府内で明確な意思疎通をする前に見切り発車した点は認める」と振り返るほどの拙速ぶりだった。

安倍は28日、「基本方針は国民に分かりにくかった」と漏らしたが、もはや後の祭りだった。海外に比べて感染者数を低く抑えているのに、国民の支持が一向に高まらないことに、安倍の心は折れかけていた。

対中配慮の代償

安倍の支持基盤である保守層は、政府が新型コロナ対策として中国からの入国制限に踏み切らないことに不満を募らせていた。安倍自身もそうした動きを気にしていた。

「中国は感染者数は減っているんだよ。広東省、浙江省はゼロになっている。武漢も新規感染者は少なかったはず。（感染者数の伸びを示す）カーブがそれほどでもないんだよね、止めるには」と漏らしたこともあった。

安倍の頭の中に「入国制限措置を取れば、4月に控える習の国賓来日に冷や水を浴びせてしまう」という気兼ねがあったのは間違いない。中国は、新型コロナの拡散を招いた自国が国際社会で孤立しないよう、習の国賓来日を予定通り進めようと模索していた。

習の来日は、元はと言えば、今井がレールを敷いたものだ。それは、過去に今井が官邸内で繰り広げた権力闘争にも深く関わっている。

日中関係は、安倍の13年12月の靖国神社参拝で悪化した。その後は沖縄県石垣市の尖閣諸島周辺で中国公船の領海侵入が相次ぎ、緊迫した状態が続いた。関係改善に向けた転機は17年にやってきた。安倍が、中国の巨大経済圏構想「一帯一路」との協力にかじを切ったことがきっかけだ。

この転換を主導したのが、今井だった。経産省出身の今井は、経済界の日中関係改善への強い期待を背景に、「一帯一路は経済政策だ」として、協力に転じることを安倍に進言した。

これに対し、外交・安全保障政策を取り仕切る国家安全保障局長の谷内《やち》正太郎は「米印との安保協力に悪影響が出る」と安倍に説き、真っ正面から反対した。一帯一路に対しては、外務省や防衛省を中心に、中国が経済力をテコに覇権を拡大する動きだとして警戒感が強かった。政府はそれまで、日米豪印の協力を強化して対抗するという基本戦略を取っていた。

谷内は第1次安倍内閣で外務次官として日中関係改善に当たったことがある。当時、「戦略的互恵関係」というキーワードを掲げ、06年10月の安倍訪中を実現した立役者だ。安倍の信頼は厚く、次官を退いた後も国家安全保障局長として「チーム安倍」を支えていた。今井はそんな相手にも、意見が食い違えば容赦しなかった。

2人の意見が鋭く対立する中、安倍は最終的に今井の立場に賛同した。17年5月に北京で開かれた一帯一路の国際フォーラムには、自民党幹事長の二階に今井を随行させ、習への親書で『一帯一路』構想を評価し、両国の対話と連携を深める」と政策転換を伝えた。このくだりは、谷内が目を通していた親書の文案にはなく、今井の意向で書き加えたものだった。

谷内は19年9月の内閣改造にあわせ、局長を退いた。「75歳と高齢になったこと」などが表向きの退任理由とされたが、今井との対立が遠因になったと見る向きがあった。谷内の後任に収まったのは、今井の盟友として安倍を支える北村滋だ。今井と気脈を通じ、中国外交トップの共産党政治局員・楊潔篪《ヤンジエチー》との間で調整を重ね、4月の習来日に道筋を付けた人物である。そして今井は、外務官僚よりも首相に近い席で海外首脳との会談に加わり、外交の重要案件で最も影響力を発揮する存在となっていた。

話を20年2月時点に戻す。習の来日で得点を稼ぎたい安倍の願いもむなしく、新型コロナが収まる様子はなかった。日中両政府間では、習の来日延期に向けた調整が水面下で進むようになる。

28日、楊が来日し、外相の茂木と会談した。

「現時点で習氏の訪日予定に変更はないが、十分な成果を上げることが必要で、この観点から引き続き緊密に意思疎通を図っていくことで一致した」

会談後、茂木は記者団にこう述べた。「現時点で」と強調することで、今後の変更の可能性を示唆した。

安倍も29日の記者会見で、習の来日について「現時点では予定に変更はないものの、十分な成果を上げる必要があるとの観点から、引き続き日中間で緊密に意思疎通していく」と述べた。

この時点で、日本側は習の来日延期を中国側に打診していた。日本政府高官は「習氏の4月来日はない」との認識を示した。一口に延期といっても、新型コロナの収束のめどが立たない以上、実際には「無期延期」と言えた。

日中両政府は3月5日、新型コロナの感染拡大などを理由に、習の来日を延期すると正式発表した。実現していれば、08年の胡錦濤以来、12年ぶりの国家主席の国賓来日となるはずだった。中国側は来日時に、過去の四つの政治文書に続く「第五の政治文書」を出し、習が自らの指導思想のキーワードに掲げる「新時代」を盛り込もうとしていた。

政府は習の来日延期を公表した3月5日、中国・韓国からの入国制限強化を決めた。これを取り仕切ったのも、今井・北村のコンビだった。

強化策では、新型コロナの感染拡大を防ぐための新たな水際対策として、中韓両国からの日本人を含む入国者全員に対し、自宅や宿泊先などで14日間待機するよう要請する。あわせて、中韓両国に発給済みの査証（ビザ）の効力を停止させる。

ビザは、来日のたびに手続きが必要な「1次ビザ」と一定期間内であれば何回でも来日できる「数次ビザ」があり、いずれも発給済みのものを無効とする。中国からの来日にはビザが必要で、韓国や香港、マカオに対するビザ免除措置も停止するため、中韓両国からの来日者は極めて限定的になる。

これまで中韓両国の一部地域に限定していた入国制限を事実上、国全体に広げるものだ。このアイデアを安倍に示したのが北村だ。5日に開かれた政府の新型コロナウイルス感染症対策本部で、安倍は「中国や韓国からの人の流入は続いている。感染拡大を防止し、国民の不安感を解消する」と強調した。

安倍はのちに「ビザを止めたんだから、中国人や韓国人は来やしないって。北村さんの案を聞いた時、『これで完璧だね』と思ったよ」と振り返った。

とはいえ、習の来日延期と中国からの入国制限の発表が同じ日となったことで、中国に配慮して入国制限が遅れたことは、半ば公然の事実となった。安倍は自身の対中外交の「集大成」とするはずだった機会も失われ、得意分野である外交で挽回を図るどころか、逆に保守層の失望を招いた。そのダメージは決して軽いものではなかった。

弓を引いた人間は決して忘れない

その頃、官邸にとっては「弱り目に祟り目」ということわざ通りの展開が続いていた。

自民党衆院議員で前法相の河井克行と、妻で自民党参院議員の案里陣営の選挙違反事件で、広島地検は3月3日、夫妻の公設秘書ら計3人を公職選挙法違反（買収）容疑で逮捕した。関係者によると、全員が容疑を認めていた。

逮捕されたのは、克行の政策秘書・高谷《たかや》真介、案里の公設第2秘書・立道《たてみち》浩、陣営幹部だった脇雄吾の3容疑者だ。

発表によると、3人は案里が初当選した19年7月の参院選で、選挙カーの車上運動員14人に公選法施行令で定められた上限額（1日1万5000円）を超える日当を支払った疑いがかけられていた。

関係者によれば、陣営では3万円程度の報酬を支払っていた。日当1万5000円の領収書を2種類作成し、「車上運動員報酬」のみ選挙費用として選挙管理委員会に報告するほか、人件費などの名目で上乗せしていた。

地検は3日、東京・永田町の議員会館にある夫妻の国会事務所などを捜索した。その後は、夫妻の関与の有無とともに、連座制の適用が捜査の焦点になるとみられた。

河井夫妻は、安倍、菅の2人と浅からぬ縁がある。夫の克行は12年の自民党総裁選で無派閥議員の安倍の支持票を取り付けたことをきっかけに、安倍に急接近した。菅も、克行とは19

96年初当選同期で、ともに無派閥ということもあり親しい。克行は党内で菅を支持する無派閥議員グループの一つである「向日葵会《ひまわり》」を主導し、「菅側近」を自任してきた。案里が出馬した参院選では、安倍、菅がそれぞれ現地入りして応援演説を行うなど、力の入れようは傍目にも明らかだった。

案里は参院選前に、自身と克行の党支部に党本部から計1億5000万円の入金を受けた。案里は「党公認をいただいて政治活動を始めてから、選挙も含めてわずか2か月半だったので、短い期間に資金が集中した」と説明した。一方、同じ広島選挙区から出馬した現職の溝手顕正には1500万円しか入金されていなかった。

安倍は自分に弓を引いた人間は後々まで決して忘れないと言われる。定数2の広島選挙区で自民党が2議席を独占することは簡単ではない。案里と溝手に投じられた党資金量の実に10倍もの開きに、周囲は安倍の底意を感じ取った。

官邸にえこひいきされてきた河井夫妻にまつわる不祥事は、身内の自民党からも冷ややかな目が向けられた。

聖火を手に入れろ

新型コロナの影響は、安倍が政権最後のレガシーの一つにしたいと思い描いてきた東京五輪・パラリンピックにまで及んだ。

各国からは東京五輪の開催を疑問視する声が続出していた。そんなさなか、米国大統領のトランプは3月12日（米東部時間）、東京五輪について「無観客で実施するよりも1年間延期する方が良い選択肢だ」とホワイトハウスで記者団に語った。

日本政府はさっそく、打ち消しに追われた。五輪相の橋本聖子は13日の記者会見で「ＩＯＣ（国際オリンピック委員会）も大会組織委員会も、延期や中止は一切検討していない」と語った。観客の人数制限についても「全く考えていない」と否定した。

日本政府がトランプの思いつき発言に振り回されるというのはいつものことだ。しかし、今回は少々、趣が違った。トランプ発言を聞いた安倍は「これは渡りに船だ。使おう」と飛びついた。

安倍は東京への五輪招致のため、13年9月7日（現地時間）、ブエノスアイレスで開かれていたＩＯＣ総会に乗り込むほどの意気込みを見せたことがある。総会には政府の要請で高円宮妃久子も出席し、宮内庁長官の風岡典之が「五輪招致活動と見られかねない懸念もあり、苦渋の決断だった。天皇、皇后両陛下は案じられていると拝察した」と発言する異例の事態を招いた。過去に大会を招致した首相が在任中に開催を目の当たりにすることは例がない。それだけに思い入れは強かった。

新型コロナの世界的流行で、安倍は20年2月半ばの時点で既に、「東京五輪の延期はやむを得ない」とひそかに考え始めていた。3月に入って感染がさらに拡大したことで、「これでダメだ」と内心では見切りを付けていた。

このまま放っておくと、大会そのものが中止になる。そう危機感を募らせていた安倍にとって、思いがけなくもトランプが延期に向けた流れをつくる発言をしてくれたことは絶好のチャンスだった。

安倍はさっそく3月13日にトランプと電話会談を行い、大会延期を目指す考えを外部に初めて伝えた。トランプには「私の思いや考えていることを全て率直に話した。かなり突っ込んだ話をした」という。トランプは米国にとって悪い話でなければ、盟友の安倍の願いには機嫌良く応じる。「1000%支持する」と全面支援を約束した。

さらに延期の流れを確かなものにしたのは、16日の先進7か国（G7）首脳とのテレビ会議だ。「完全な形」での開催を呼びかけ、事実上、各国首脳から延期の支持を取り付けた。政府高官は「G7首脳で一致できたことはIOCへの働きかけで大きな力になった」と指摘する。

折しも、日本国内では、新型コロナが緊迫の度を増していた。新型コロナウイルス感染症対策を検討する政府の専門家会議は19日、都市部で感染者が増えており、今後は爆発的な感染拡大の可能性があるとの分析結果を公表した。長期戦を覚悟して警戒を続け、全国的な大規模イベントの再開は引き続き慎重に対応するよう提言した。

提言は①クラスター（感染集団）の早期発見・対応②患者の早期診断・重症者への集中治療の充実③市民の行動変容――の基本戦略を強化する必要があるとした。市民や事業者には、「換気の悪い密閉空間」「人が密集している」「近距離での会話や発声が行われる」の3条件が重なる場所での行動を十分抑制するよう求めた。いわゆる「3密」の回避である。

会議は、感染者1人がうつす平均人数を表す「実効再生産数」で国内の状況を分析した。値が1を上回れば感染が広がることを示すが、国全体では「3月上旬以降は連続して1を下回り続けている」とし、「持ちこたえている」と評価した。だが、海外から帰国した感染者や、都市部を中心に感染源が不明の感染者が増えている地域がちらほらあった。こうした地域が全国に拡大すれば、爆発的に患者が急増する「オーバーシュート」につながりかねない。その場合は、数週間の外出禁止措置や都市封鎖などに追い込まれると警告した。

こうした懸念は官邸も共有していた。首相補佐官の長谷川栄一は「一番頭が痛いのが、卒業旅行から帰ってくる学生をどうするかだ。イタリアとかフランスとか、新型コロナがけっこう流行《はや》ってる所から戻ってくる。学生は若くて体力があるから、感染していても無自覚で動き回る」と危機感を抱いていた。

国内で新型コロナが流行する事態に備え、安倍は日本開催をピン留めできるよう周到に策を講じた。ギリシャから、大会の象徴である聖火を日本に運び込むことだ。欧州が新型コロナの猛威に襲われる中、聖火を載せた特別機は20日、航空自衛隊松島基地に無事到着した。たとえ海外から日本開催に疑念が向けられても、聖火を手に入れたという事実は重い。安倍は「聖火を確保することができ、日本開催を担保できた」と胸をなで下ろした。

万事手を尽くした安倍は24日夜、ＩＯＣ会長のトーマス・バッハとの電話会談に臨んだ。バッハとの電話会談は、「鉄は熱いうちに打たなければならない」と、早期の協議を重視する安倍の強い意向によるものだった。ＩＯＣは延期検討に関し、４週間以内に結論を得るとしていたが、「それでは遅すぎる」との思いがあった。

会談の直前、安倍と大会組織委員会会長の森喜朗は２人だけで事前の打ち合わせを行っていた。安倍は元五輪選手である五輪相の橋本や副総理兼財務相の麻生太郎らが「選手寿命を考えると延期は1年が限度」と訴えていたこともあり、１年延期の線で一気に踏み込むつもりだった。森は「こんなに踏み込んでいいものか」と不安を口にしたが、安倍は「１年延期で打ち込むべきだ」と押し切った。

電話会談が始まると、安倍はさっそく切り出した。

「世界のアスリートが最高のコンディションでプレーでき、観客にとって安全で安心な大会とするため、おおむね1年程度延期することを軸として検討していただけないか」

バッハと事前のすり合わせは一切しておらず、出たとこ勝負の「ガチンコ」（安倍）だった。するとバッハはあっさりと答えた。「100%同意する」

その言葉を聞き、安倍だけでなく、会談に同席した森や橋本、東京都知事の小池らの顔は一斉に明るくなった。

会談が終わるやいなや、満面の笑みを浮かべた森が近づいてきて、「よかったなあ、安倍君」と握手を求めた。新型コロナを気にした橋本が「こういう時だから、今日はハグはやめましょう」と言い出し、安倍は橋本や小池とはグータッチにとどめた。

「日本は開催国の責任をしっかり果たしていきたい」

安倍は会談後、記者団にこう述べて、満足げな表情を見せた。大会中止という最悪のシナリオを避けることができたことで、「外交の安倍」としての面目はなんとか保たれた。

無事に延期の約束を取り付けたと言っても、安倍はとても手放しで喜べるような状態ではなかった。さっそく、森との間では「21年夏の開催に向けて体制を作らないといけない」という話もし始めていた。森はもともと時間的な余裕がある「2年延期」が望ましいとの立場を取っていた。しかし、安倍の総裁任期は21年9月末までで、2年延期となれば、首相4選や総裁任期の延長と絡められてしまう。政局論と切り離し、自らの手で五輪を実現するには1年延期という選択肢が現実的だった。その分、準備期間は窮屈になるうえ、新型コロナで中止に追い込まれるおそれも高まる。退路を断った安倍は、新たな政治的リスクを背負い込むことになった。

「総理の思い」と皮膚感覚

読売新聞は3月15日の朝刊で、官邸の権力構造における異変を報じた。

「新型コロナウイルスへの政府の対応をめぐり、首相官邸内の力学に変化が生じている。危機管理対応を一手に引き受けてきた菅官房長官の存在感が薄れ、安倍首相は2人の腹心に支えられてトップダウンの決断を繰り返している」

記事は、そんな書き出しで始まる。文中の「2人」とは、今井と北村を指す。安倍が菅を遠ざけ、側近の官僚を重用しているという内容だ。あわせて、安倍と菅のすきま風にも言及していた。

政権のナンバー1である安倍とナンバー2の菅が真っ正面から対立すれば、ただでは済まない。安倍内閣は官邸主導の体制を敷いていただけに、司令塔の混乱は政権運営の機能不全に直結する。安倍と菅の2人について、内心どうあれ、互いを悪しざまにののしったという場面があったと証言する関係者はいない。すきま風が言われている中でさえ、菅は執務日には必ず、安倍と顔を合わせて話をしていた。お互いが相手に対して疑心暗鬼になったというのが最も真相に近いようだ。

そんな2人を見ている麻生も「今井が菅をはじいていて、それに総理が乗っているのか。総理と菅が悪くなっているのか。そこが俺にも分からないんだ」と首をひねるほどだった。ただ、官邸から漏れ聞こえてくる不協和音に「何か起きているのは間違いない」ということは察していた。

首相秘書官経験者の経済官庁幹部は自らの経験を踏まえ、官邸内力学を次のように解説する。

「総理と官房長官がけんかするような状態で官邸なんて運営できない。歴代内閣を見ても、首相スタッフと官房長官室がすべて一心同体ということはないが、いがみ合って回るはずもない」

ただ、この幹部はこうも語る。

「『総理の思い』として語られるものに対して、官邸内でもいろんな力学が働く。本質的な対立をやっている暇はない。でも、おのずと総理のそばにいる人間にはそれなりの皮膚感覚がある」

安倍と菅の心理的な距離は、当人同士というよりも、それぞれを取り巻く側近同士がもたらした面もある。今井は首相日程を取り仕切り、安倍に四六時中、ぴったりと寄り添う。菅は安倍に毎日会っているとはいえ、政府全体に目配りする必要がある。この菅と今井とでは、同じ物を目にとらえても、見える景色が違うというわけだ。

同じことは杉田にも当てはまった。杉田の直接の上司は菅である。杉田が頻繁に訪れる部屋は安倍がいる首相執務室ではなく、菅の官房長官室だ。杉田からすれば、しょっちゅう一対一で会う菅と、会議や打ち合わせの場で同席する安倍とでは、人間関係の密度がおのずと違う。そんな生活を7年以上も続けていれば、なおさらだ。官邸幹部によると、杉田は政策だけでなく、人事にも介入してくる今井のことを必ずしも快く思っていなかったという。同じ首相補佐官の間でも、安倍側近の長谷川と菅側近の和泉は官邸4階の執務室が隣り合わせにもかかわらず、2人で飲みに行ったことは一度もなかった。

読売新聞の記事で名指しされた今井は、強く否定した。

「本当に迷惑千万だよ。周りのみんなが『今井が書かせた』と思っているんだよ。俺が『（菅を外して）全部やった』と吹聴してると」

さらに、今井は「菅さんとがっちり（組んで）やってるよ。難しい件で総理を説得するのなんて、全部、俺と菅さんで示し合わせてタッグを組んでやっているんだぞ」と続け、自身と菅の不仲説を懸命に打ち消そうとした。

しかし、元官邸幹部は当時をこう振り返る。

「菅官房長官と今井さんを交えた3人の打ち合わせの場で、今井さんが長官に逆らったことは一度もなかった。でも、ある時期から3人の打ち合わせはなくなった。その後は、長官からは『今井さんに言っておいて』、今井さんからは『長官に言っておいて』っていうようになった」

外務省幹部も当時、官邸の異変をかぎ取っていた。

コロナ対応では、外務省が絡む話もある。この幹部が「官房長官のところで会議をして決める話」だと思っていたところ、「会議もやらず、いつのまにか方針が決まっていた」ことがあったという。不思議に思った幹部が部下に「長官の反応はどうなの？」と聞くと、その部下からは「長官はこのことを知らないみたいです」と思いがけない言葉が返ってきた。

今井がどう言いつくろおうと、官邸のぎくしゃくぶりはごまかし切れなくなっていた。

「私は議論に加わっていない」

しかも、今井の言葉とは裏腹に、ある政策の制度設計が今井の主導で進んでいた。国民に対する現金給付策である。新型コロナの感染拡大を受けた追加経済対策の柱として浮上していた。政府・与党は3月11日、追加経済対策の検討を始めた。幹事長の二階らは、公明党や菅と今後の経済状況を注視して機動的な対応を行う方針を確認した。この日、都内のホテルで開かれた自公両党の幹事長、国会対策委員長の定例会談には、菅と両党の政調会長が臨時で出席した。追加の経済対策に向けて、状況を見極めて迅速な対応を講じることで一致した。

しかし、政府と与党が知恵を出し合ってまとめるというのは、あくまで建前論だ。安倍は「来年度予算が上がったらどーんとやる。具体的にはまだだけど、今井さんとかに案を考えさせている」と漏らした。すでに、今井は財務省主計局長の太田充《みつる》や経産省経済産業政策局長の新原浩朗らを使って作業を急いでいた。

安倍の当初の腹案は「一律10万円給付」だった。「現金支給はやっぱりインパクトがあるよね」。安倍は、そう周囲に語っていた。新型コロナ対策を担う経済再生相の西村もその流れに乗った。19日の記者会見で「現金は所得制限をしなければ迅速に支給できる」と述べ、一律給付の線が強まった。

ここから財務省も交えた今井の巻き返しが猛然と始まった。「一律給付しても効果がないのは、定額給付金の時に実証されています」。今井は安倍にそう進言した。

西村は今井と同じ経産省出身で、今井の後輩にあたる。かつて、官房副長官の西村を今井が打ち合わせの場でしかり飛ばすこともしばしばだった。西村が経済再生相になってからも、その力関係は変わっていなかった。

　この時、今井が一律給付に反対する根拠に挙げた定額給付金は、リーマン・ショック後の09年に配ったものである。金額は、1人当たり1万2000円（18歳以下などは2万円）。多くが貯蓄に回ったとされ、マスコミなどの間では、ばらまき批判が渦巻いた。当時、首相だった麻生も「二度と同じ失敗はしたくない」と今井を後押しした。給付総額を抑えたい財務省は当然、一律給付には後ろ向きだ。

「一律給付は支給が8月になる。限定した世帯への給付なら5月には支給できる」。こうした麻生の説明に安倍も最後は納得し、収入が急激に減った世帯に限った現金給付という線が固まった。

　安倍は28日、官邸で記者会見した。緊急経済対策を盛り込んだ20年度補正予算案を編成する方針を表明し、「リーマン・ショック時を上回るかつてない規模」を目指すと高らかに宣言した。記者会見後に開いた対策本部で、「前例にとらわれることなく、思い切った措置を財政・金融・税制を総動員して講じる」と述べ、全閣僚に緊急経済対策の策定と補正予算案編成を指示した。20年度予算は27日に成立したばかりで、直後に補正予算案編成を指示するのは極めて異例だ。安倍は経済対策の規模について、リーマン・ショック後の09年に実施した事業規模約56兆8000億円、財政支出額約15兆4000億円を上回り、過去最大になると語った。注目の現金給付については「ターゲットをある程度置いて思い切った給付を行う」と述べた。言い換えれば、「一律給付はしない」ことを意味する。

「あんまり期待されても困るんだけど、（経済の）V字回復は可能なんだよね。コロナが落ち着けば、そのうち元に戻るから。呼び水をどーんと用意すればいい。財政出動はやれる余地はあるんだから」

安倍は周囲にそう語っていた。新型コロナで落ち込んだ経済にしっかり手当てし、なかなか上がらない内閣支持率を回復させる。口にはしなかったものの、安倍はそんなシナリオを思い描いていたようだ。

これに対し、与党の主張は結果的に無視される格好になった。自民党内には、政調会長の岸田のように「今回はリーマン以上の影響がある」として、一律2万円以上の給付を求める声があった。公明党は、感染拡大の影響を受ける国民に限った「1人10万円」の給付を提言していた。

「なんで1人世帯と5人世帯が同じなんだ。庶民の疑問に答えられない」。4月3日夕、公明党幹事長の斉藤は、議員会館に呼んだ財務省の太田に詰め寄った。

太田は「総理が『世帯』とおっしゃっている」と譲らなかった。斉藤は「どうしても『世帯』で行くのなら、児童手当を臨時で1万円増額してほしい」と求め、受け入れさせるのが精いっぱいだった。

官邸でも、菅や杉田はほとんど蚊帳の外に置かれていた。杉田は、現金給付のことを記者に問われても「私は議論に加わっていない」という言葉を連発した。追加経済対策で目玉といえる政策に、菅と杉田のラインがタッチしていないのは異例のことだ。安倍がごく一部の側近でぶち上げた現金給付は、与党内だけでなく、官邸内にも禍根を残すことになった。

「何で厚労省があんなに反対なのか」

厚労省は依然、官邸にとってやっかいの種であり続けていた。

例えば、検疫時の停留にも極めて消極的だった。官邸が3月4日、水際対策として「入国者の指定施設での停留」を盛り込んだ原案をまとめると、厚労相の加藤や厚労次官の鈴木俊彦が口をそろえて猛反発した。鈴木は約10ページの反論資料を官邸に持ち込み、「内閣支持率が落ちる」などと訴えた。厚労省の抵抗のすさまじさは、安倍が「何で厚労省があんなに反対なのか分からなかった」と戸惑うほどだった。

加藤は旧大蔵省（現財務省）出身で、元農相の加藤六月《むつき》の娘婿である。安倍家と加藤家は代々付き合いがある。菅にも官房副長官として仕えた。菅はかつて、「自分の後任ができるのは加藤だ」と漏らしたこともある。しかし、新型コロナ対応では、厚労官僚の言い分に引きずられることが多かった。

厚労省が停留に及び腰なのは、「マンパワーの不足による」と見る向きは多かった。停留となれば、入国者の宿泊場所を確保しなければならない。そんな手間のかかる仕事にとても労力は割けないというわけだ。平時ですら、限られた人員で膨大な厚労行政に追われ、「強制労働省」とやゆされる。それ以上に負荷がかかる非常時の対応は、どうしても後手に回ることになった。

官邸は厚労省の中でも、医系技官や薬系技官を最大の抵抗勢力と見なしていた。

新型コロナを収束させるには、感染を予防するワクチンか、感染を治す特効薬が切り札となることは言うまでもない。ここで、技官の壁が立ちはだかった。

安倍は富士フイルム富山化学が製造する新型インフルエンザ治療薬「アビガン」に目を付けていた。ウイルスの増殖を抑える働きがあり、新型コロナにも同様の効果が期待できるとみて、すでに2月21日の時点で、加藤らに積極活用を指示していた。新型インフルの治療薬として承認済みである以上、新型コロナに転用するのにはさほど手間がかからないと安倍は考えた。

加藤はさっそく翌22日の読売テレビの番組で、アビガンの新型コロナ感染者への投与について「効くということになれば、全国に展開をして治療に使っていきたい」と述べた。

ところが、厚労省の反応は鈍かった。アビガンは動物実験で胎児に奇形が生じる副作用が確認されている。かつて胃腸薬などとして市販されたサリドマイドは、妊娠中の女性が飲んで胎児の奇形につながった。数々の薬害が苦い記憶として刻み込まれている厚労省では、医師免許などを持つ医系技官を中心に慎重論が根強かった。

「効果があるならどんどん使ったらいいじゃないか」

3月中旬、首相執務室の空気が張り詰めた。今井らは、アビガンを積極的に活用するよう主張した。安倍も賛同したが、医系技官トップである医務技監の鈴木康裕は「明確な副作用がある。効果もはっきりしていない」と慎重な態度を崩さなかった。

アビガンは中国が臨床試験で新型コロナへの有効性を確認したと発表したこともあり、50を超える国が日本にアビガンの提供を求めていた。今井は、周囲に怒りをぶちまけた。「あれは日本発の薬だぞ。それを厚労省はぶつくさ言って使わせない。で、中国政府は公式に効果があると言って、中国企業に大量生産させているわけ。本当は富士フイルムから世界に輸出しなきゃいけないのに、中国で同じものを作って中国が全世界に輸出するようになるんだよ」

厚労省に手を焼いた官邸はアビガンの国内生産を目指し、見切り発車で経産省を動かした。

「化学業界を当たれ」

官邸の意向を受け、経産次官の安藤久佳《ひさよし》は3月25日、大臣官房参事官の茂木《もぎ》正にアビガンの原料を生産できる国内企業を探すよう指示した。

茂木はその日、省外で夕食中、ある経産省職員からのメールに目がくぎ付けとなった。そこには、アビガンの原料を生産したことがあるメーカーについての断片情報が記されていた。その場から化学業界の関係者に携帯電話で問い合わせると、化学メーカー「デンカ」の新潟県内にある工場で生産されていたことが分かった。

工場は3年前に生産を停止しており、電話先の関係者からは「工場は夏に解体予定」とも伝えられた。茂木はさっそく翌日、都内のデンカ本社に出向き、担当役員と向き合った。「必要な経費は国が支払う。工場を再稼働してほしい」。そう頼み込むと、役員は「今は国難だ。最大限できることを全力で協力したい」と応じた。

幸い工場に目立った損傷はなく、のちに生産が始まった。工場が解体されていれば、アビガン原料の国内製造はできなかった可能性がある。茂木は「偶然が重なって何とかこぎ着けた」と振り返る。

官邸の指示で、3月27日、経産省2階の一室で約10人の「アビガンチーム」が発足した。2月から3人ほどで活動してきた態勢を一気に拡大した。

厚労省の抵抗がなおも続く中、安倍は3月28日の記者会見で、アビガンの国際的な臨床研究拡大や治験開始を表明した。

菅の懐刀である和泉もその頃には、ようやく戦線復帰を果たしていた。

安倍はかつて「役人ののりを超えてまで仕事をやってくれる」人物として、今井、北村と並んで和泉の名前を挙げたことがある。一部週刊誌が19年末、厚労省審議官の大坪との関係を報じると知った時、和泉は今井に「体を張って政権を守っている今井さんにご迷惑をおかけします」とメールを送った。今井からは「和泉さんはこの政権にはなくてはならない人です」と返信が来た。スキャンダル報道が出た後も、菅が一貫してかばい続けただけでなく、安倍も和泉を口頭で注意するだけにとどめていた。報道が繰り返されても失脚せずに済んだのは、安倍と菅の双方からの信任を得る存在だったということが幸いしたようだ。

3月31日、官邸で連絡会議が開かれた。この会議は関係省庁の閣僚や次官らを官邸の首相執務室に集め、1月下旬から連日のように開かれてきた。安倍がしばしばトップダウンで指示を出す場でもある。この日の会議には、和泉も出席していた。

「3800床です」

会議の席上、厚労省の担当者が新型コロナの感染者向けに使える全国の病床数を報告すると、和泉は耳を疑った。

厚労省の全国推計では、ピーク時の入院患者は約22万2000人。これに比べ、病床数があまりに少なかったためだけではない。47都道府県のうち、厚労省が回答を得ていたのは30にも満たなかった。

和泉らが「都道府県にちゃんと聞いたのか」とただすと、担当者は「確認しています」と応じた。

しかし、回答漏れで病床数が「ゼロ」とされた愛知県は、すでに記者会見で病床数を公表済みだった。お粗末な報告内容に出席者はあきれ果て、「もっと情報を吸い上げるようにしろ」と口々に担当者をしかりつけた。厚労省が会議の直後に公表を予定していた「３８００床」という数字はお蔵入りとなった。

会議に出席していた内閣官房幹部は厚労省のずさんな集計をこう分析した。

「厚労省に回答しないところが多かったのは、自治体が言いたがらないという側面もある。体制整備が追いついていない状況を報告したくないんだろう」

和泉のてこ入れで、その後の調査には地方行政を所管する総務省が加わり、事実上仕切るようになった。官邸は動かない厚労省に業を煮やし、他省庁に仕事を振り分けるようになっていった。

安倍にとって厚労省は「鬼門」（政府高官）だ。消えた年金問題、裁量労働制を巡る不適切データ、毎月勤労統計の不正集計――。第１次内閣時を含め、安倍は厚労省に幾度となく苦汁を飲まされてきた。その負の歴史の最終ページに、新型コロナが書き加えられることになった。

第四章　「安定しない政権は支持されない」——緊急事態宣言発令

ピント外れの〝アベノマスク〟

新型コロナは新年度の4月を迎えても、収まるどころか、猛威を振るう一方だった。

4月1日の国内の新たな感染者は267人で、1日当たり過去最多を更新した。政府の新型コロナ対策の専門家会議はこの日、東京、神奈川、愛知、大阪、兵庫の5都府県で感染者が増え、医療崩壊の恐れがあると表明した。「きょう明日にでも抜本的な対策を講じることが求められる」。政府への提言内容は、ほとんど悲鳴に近かった。

対する安倍はこの日の政府対策本部に合わせ、隠し玉を仕込んでいた。全世帯への各2枚の布マスク配布である。

小ぶりな布マスクを着けて本部に現れた安倍は「この布マスクは使い捨てではなく、洗剤を使って洗うことで再利用可能であることから、急激に拡大しているマスク需要に対応する上で極めて有効であると考えています」と胸を張った。

マスクを求める人々は連日、店の前に列をなしていた。マスクの約8割を中国などからの輸入に頼っていたため、「品薄状態は当面続く」との予想もあった。だが、コロナ不況で目先の暮らしに苦しむ人々の目には、ピント外れに映った。安倍がマスク配布を表明するやいなや、SNS上は「マスクを配るための税金を現金で困ってる人にあげた方がプラスになる」といった意見であふれた。ニュースは海外にも飛び火し、ブルームバーグ通信は2日、「アベノミクスからアベノマスクへ。マスク配布策が嘲笑を買う」とする見出しの記事を配信した。米FOXニュースも「エイプリルフールのジョークと受け止められている」と報じた。

布マスクの全戸配布の発案者は、首相秘書官の佐伯耕三だ。今井と同じ経産省出身の佐伯は、内閣副参事官を務めた際に安倍のスピーチライターとして才覚を発揮し、17年7月に史上最年少の42歳で首相秘書官に抜擢された。新型コロナ対策に限らず、官邸の意向を盾に年次が上の官僚を叱り飛ばすこともままあった。官邸5階の首相執務室に通じる首相秘書官の部屋には、今井の腹心である佐伯の元気な声がよく響いていた。それに時折、今井が答えるほかには、会話に加わる者がいないという光景もしばしばだったという。

一口に全戸配布といっても、マスクの発注から製造、輸入まで詰めなければいけないことは山ほどあり、一筋縄でいく話ではない。安倍が側近の思いつきをそのまま実行に移したことに、菅は冷ややかだった。菅がその後、安倍にやんわりと苦言を呈すると、安倍は「いいと思っちゃったんだよね」と言い訳した。

配布を急ぐあまり、アベノマスクの形状は単純な長方形という古めかしいデザインだった。

その布マスクを安倍は8月はじめまで、かたくなに使い続けた。岸田も安倍への秋波のつもりか、5月中旬から同じマスクを身につけるようになった。一方の菅は「暑そうだから」と公言し、一度も着けることはなかった。5月7日の記者会見では、魔よけのアイヌ文様を刺しゅうしたマスク姿で登壇した。「俺がつけたことで、あのマスクがすごく売れてるらしいよ」。不評を極めるアベノマスクをよそに、菅は周囲に自慢してみせた。

外された菅

後継と頼む岸田に何とか花を持たせたい。そんな安倍に、おあつらえ向きのチャンスがやってきた。追加経済対策で焦点となっていた現金給付である。

安倍はもともと、一律10万円給付が望ましいとの立場だった。しかし、麻生が08年のリーマン・ショック時の「定額給付金」をバラマキと批判された経験を持ちだして反対したため、断念していた。

4月2日の衆院本会議で、安倍は「国民全員に一律で行うのではなく、困難な状況にある中小・小規模事業者や生活に困難を来す恐れのある方々に必要な資金をできるだけ早く届けられるよう、具体策の検討を急ぐ」と表明した。

この頃、財務省主計局長の太田は安倍に、所得が急減した世帯などに1世帯あたり20万円を給付する案を上げていた。だが、「収入が減っている人の懐に金が入れば、ガッと使う」と考えた安倍はインパクトのある金額を望んだ。岸田が独自に、太田と増額についてやり取りしていることも安倍は知っていた。

岸田は翌3日、首相執務室で安倍と向き合うと、「現金給付はスピード感が大事です。1世帯あたり30万円にすべきです」と増額を切り出した。

安倍はかねて、政府の経済対策に注文をつけようとしない岸田のことを歯がゆく感じていた。本来、党としては国民にアピールできる最大の見せ場である。「政調会長ならもっと興奮してもいいのにね。でも、何も言ってこないんだよな」と、なかばあきれ顔で周囲に不満を漏らすこともあった。

ようやくスイッチが入った岸田に、安倍は「私もそう判断した。それでいい」と二つ返事で応じた。すると、万事控えめな岸田にしては珍しく、「表で言ってもいいですか」とたたみかけてきた。それにも、安倍は「岸田さんから言ってもらおう」と鷹揚に頷いた。

高揚感に包まれた岸田は首相執務室を出ると、待ち構える記者団に「一定の水準まで所得が減少した世帯に対し、1世帯30万円を支給すべきだと申し上げた。総理と意見、認識が一致しました。総理の了解をいただきました」と誇らしげに語った。

岸田は安倍との面会を終えると、その足で財務省に向かい、麻生と対面した。麻生内閣はリーマン・ショック時に自治体が自由に使える交付金を1兆円規模で盛り込んだ。これに対し、今回の財務省案では自治体向けの交付金は半額の5000億円にとどまっていた。コロナ禍で公共事業は大して見込めないとの理由によるものだ。

岸田は麻生に「1兆円でやりたい」と積み増しを要請した。麻生が「いや、今やるなら5000億円だ」と難色を示しても、「総理はリーマン・ショック時以上のかつてない経済対策をやると言っています。リーマンのときより低いわけにはいきません」と食い下がった。岸田をポスト安倍として押し上げたいのは、安倍の盟友である麻生も同じである。麻生は「わかった」と答えると、太田に1兆円への増額を指示した。

麻生との面会後、岸田は記者団に「国難に立ち向かい、市町村をはじめ地方自治体にもしっかり協力してもらうためにも、地方から強い要請が出ている臨時交付金について、是非、政治決断をお願いしたいと強く求めた」と明かした。その上で「結果的には1兆円の臨時交付金、麻生副総理から了解したというお答えをいただいた」と胸を張った。

党の名代として駆け回る岸田が、菅のもとを訪れることはなかった。菅は安倍がお膳立てした現金給付の30万円への上積みを事後に知った。完全に外された菅が面白かろうはずはなかった。

もう一人、岸田の動きに神経をとがらせたのが自民党幹事長の二階である。党を仕切るのは自分だという強烈な自負を持つ二階は、太田に一連の決定への不満を直接、伝えたという。

「もはや時間の猶予はない」

「緊急事態宣言へ着手」

読売新聞は4月6日、安倍が改正新型インフルエンザ対策特別措置法に基づき、近く緊急事態宣言の発令に踏み切る意向を固めたと朝刊1面トップでスクープした。対象は東京都を含む首都圏に加え、大阪府や兵庫県が候補だとした。

感染者数が上昇カーブを描いても、政府はこれまで発令を控えてきた。東京都知事の小池の発言が足かせになっていたためだ。小池は3月23日の記者会見で「東京は若年層のクラスター

（感染集団）が発生し、無自覚のうちにウイルスを拡散させる恐れがある。ロックダウン（都市封鎖）などの強力な措置を取らざるを得ない可能性もある」と語った。その直後、スーパーでは食料品などの買い占め騒ぎが起きていた。

直後の25日、都内の新規感染者が過去最多の41人を記録したことを受け、政府は28日にも宣言発令を検討した。しかし、小池発言への都民の反応を見た安倍は「このまま宣言したら、パニックが起きるかもしれない」と危ぶみ、その時点での発令は見送った。

発令をためらう理由は他にもあった。麻生は「弱った経済が完全に止まってしまう」と消極的だった。菅も、都民人口に比べて感染者数は「たいしたことはない」との立場を取っていた。

一方、小池や大阪府知事の吉村洋文らは政府に発令を催促していた。自民党内からも発令を求める声が上がり始め、安倍は発令する方向にかじを切った。経済再生相の西村に「感染者が急増すれば土日（4月4、5日）でもやらないといけない」と伝え、都内の1日あたりの新規感染者が「200人」に達すれば発令する腹を固めた。

都内では4月4日、118人の感染者が確認され、ついに三桁の大台に乗った。この日は全国でも368人と過去最多を記録した。2週間前の3月20〜22日の3連休が花見シーズンと重なり、気の緩みから外出した人の間で感染が広がったことによる。200人の目安には達していないものの、安倍は菅らに発令準備を指示した。4月5日には都内の新規感染者が143人とさらに増え、週明けから発令に向けた手続きに入る方針を決めた。内々に決めた200人という基準は、なし崩しになった。

6日昼、西村は新型コロナ対策の専門家会議座長で国立感染症研究所長の脇田隆字、副座長で基本的対処方針等諮問委員会会長の尾身茂らと感染状況を分析した。脇田らは一様に「オーバーシュート（爆発的な患者急増）の前に緊急事態宣言をやらないといけない」との見解を示した。対象地域は東京、神奈川、埼玉、千葉、大阪、兵庫の6都府県に加え、感染経路不明者が増えていた福岡も入れることが固まった。

西村と尾身はこの後、首相執務室に安倍を訪ねた。尾身は都内の感染者数を示し、「このままでは倍々ゲームになる」と訴え、「30日くらいの期間、これらの都府県でやらないといけないと思っている」と進言した。西村も「今がそのギリギリのタイミングです。それぞれの知事も準備ができていると思います」と、脇から言葉を添えた。

安倍は「福岡も、ですね」と意外そうな表情を浮かべつつ、「国民の命を守るためにやらないといけませんね」と賛同した。宣言発令が決まった瞬間だった。

安倍は6日、官邸で記者団にこう語った。「新型コロナウイルス感染症の経済に与える甚大な影響を踏まえまして、過去にない、強大な規模となるGDP（国内総生産）の2割に当たる事業規模108兆円の経済対策を実施することとしました」

宣言発令に一貫して慎重だった菅はこの日の夜、周囲に「感染経路が追えない人が増えてきたってのはあるよね」と、自らを納得させるように語った。

7日夕、安倍は官邸で開かれた政府対策本部で、宣言を正式に発令した。

「全国的かつ急速な蔓延による国民生活および国民経済に甚大な影響を及ぼす恐れがある事態が発生したと判断し、改正新型インフルエンザ等対策特別措置法第32条第1項の規定に基づき、緊急事態宣言を発出いたします」

期間は5月6日までの1か月、対象地域は東京など前述の7都府県とした。宣言で知事の権限が強化され、知事は不要不急の外出自粛を要請できるようになった。学校や保育所、大規模な劇場といった人が多く集まる施設の使用制限や停止も要請、指示できる。土地や建物の所有者が臨時の医療施設を設けることを拒んだり、業者が医薬品や食品などの売り渡しに応じなかったりした場合には、強制収用も可能だ。

安倍の記者会見も、密を避けるために記者会見室よりも広い大ホールで、出席者を1社1人に限って行われた。安倍は病床数が限界に近づき、医療現場も危機的状況を迎えているとして、「もはや時間の猶予はない」「国家的な危機だ」と発令に至った理由を説明した。外出自粛により、人と人との接触機会を7〜8割減らせば「2週間後には感染者の増加を減少に転じさせられる」との試算を紹介し、企業にテレワークの活用などで出勤者を最低7割減らすよう呼びかけた。

「小池のパフォーマンスはきょうで終わりだ」

緊急事態宣言の発令に伴い、新たな問題が持ち上がった。政府と東京都の対立である。

発端は発令前日の4月6日に都がまとめた対処方針だった。休業要請の対象には百貨店やホームセンター、理髪店などを網羅的に挙げていた。感染者の急増で「医療崩壊」が日ごとに現実味を増し、「ここで大きく網をかけなければ手遅れになる」(都幹部)という危機感があった。

政府の考えは違った。緊急事態宣言時に知事が行う措置について、①まず強く外出自粛を要請②2週間程度は効果を見極めた上で施設の使用制限を検討――という流れを想定していた。経済への悪影響を最小限にとどめたい政府と、感染拡大防止を最優先する都の温度差は明らかだった。

都が休業要請の根拠とした改正新型インフルエンザ対策特措法24条によれば、知事は住民や企業に「必要な協力の要請をすることができる」としている。

一方で、休業要請や指示などを定める45条の施行令には、知事が施設の利用制限や停止を要請できる対象に、食料品や医薬品の売り場は含まれていない。政府は「生活に必要」と解釈できる百貨店やホームセンターなどは休業要請から外すよう、都に求めた。

協議は平行線をたどったまま、宣言発令日の7日を迎えた。政府はこの日、「基本的対処方針」を改正し、「事業の継続が求められる事業者」として百貨店やホームセンター、飲食店、理美容業などを盛り込んだ。都は、7日に予定していた休業要請の対象業種の公表を先送りせざるを得なかった。都関係者は「政府は『後出しジャンケン』をしてきた」と不満を漏らした。

「生活を維持していくために必要な事業もある」

西村は8日、小池ら7都府県の知事らとのテレビ会議でこう強調した。会議が非公開になると、小池は「感染拡大の防止は、外出自粛と施設制限を同時に進めなければ間に合わない」と反論した。これに、西村は外出自粛要請をまず優先すべきだとの主張を譲らなかった。

今井が仲介に乗り出して9日まで折衝を続けた結果、小池は理髪店やホームセンター、百貨店の生活必需品売り場などを対象から外すことは渋々受け入れた。今井は「小池の政治パフォーマンスはきょうで終わりだ」と漏らした。

小池は10日、記者会見を開き、遊興施設や運動施設、劇場、商業施設など幅広い業種に11日から5月6日までの休業を要請した。要請に応じた中小規模の事業者には「感染拡大防止協力金」として単独の店舗の事業者に50万円、複数の店舗を持つ事業者には100万円を支給する方針も示した。飲食店の営業時間は午前5時～午後8時とし、酒類の提供は午後7時までにするよう求めた。

「（知事の）権限はもともと代表取締役社長かなと思っていたら、天の声が色々と聞こえまして、中間管理職になったような感じではあります」。小池は記者会見でこう述べ、政府を痛烈に皮肉った。小池の言う「天の声」とは、もちろん政府のことだ。パフォーマンスに長けた小池の狙い通り、国民は政府があたかも小池をいじめているように受け止めた。

都とのゴタゴタは安倍にとって、さらなるダメージとなった。都との調整で傍観者に回った菅は、結果的に傷つかずにすんだ。この間も、菅は淡々と会見をこなしていた。

大炎上したSNS動画

アベノマスクや東京とのバトルで体力を削られ、巻き返しに焦る安倍は4月12日、自身のツイッターなどに動画を投稿した。シンガー・ソングライターの星野源が外出自粛を受けてソーシャル・ネットワーキング・サービス（SNS）上でのコラボレーション（合作）を呼びかけた楽曲「うちで踊ろう」の動画が左半分に流れる中、安倍が愛犬と戯れたり、カップ片手にくつろいだり、読書をしたりする様子が約1分間、収められていた。

「友達と会えない。飲み会もできない。ただ、皆さんのこうした行動によって、多くの命が確実に救われています。そして、今この瞬間も、過酷を極める現場で奮闘して下さっている、医療従事者の皆さんの負担の軽減につながります。お一人お一人のご協力に、心より感謝申し上げます」

「うちで踊ろう」は、星野が新型コロナのため家で過ごす人たちを応援しようとインスタグラムで公開した楽曲で、著名人らが星野に合わせて歌ったり踊ったりする動画を相次いで発信して話題になっていた。だが、自宅でまったりとくつろぐ安倍の姿は、コロナ不況にあえぐ国民の反感を買った。ＳＮＳには、批判の書き込みが殺到し、フランス革命時のルイ16世、マリー・アントワネットの国王夫妻になぞらえて批判する投稿も目立った。この動きに、野党も飛びついた。立憲民主党参院幹事長の蓮舫は自身のツイッターに「医療現場、生活のために仕事を休めない方々の気持ちに応えるには、自身の自宅映像ではなく『自粛と補償はセット』の政策を、安倍総理」と投稿した。

安倍の動画投稿は、アベノマスクと同様、佐伯の発案だ。首相秘書官の間でも異論はあったが、最年少の佐伯が「若者に受ける」と押し切り、投稿前日の11日に安倍の私邸で撮影された。動画について知らされた菅は「えー！」と言って絶句したが、後の祭りだった。

菅は13日の記者会見で「総理が（星野の動画に）共感して発信した。過去最高の35万件を超える『いいね』を頂いた」とかばったものの、身内の自民党内からも「1000万回以上の再生で、35万回の『いいね』では少なすぎる」（幹部）との声が漏れた。

アベノマスクも依然として尾を引いていた。政府は17日から全世帯への配布を始める予定だった。ところが、先行して14日から各自治体に発送した妊婦向け布マスクなどが「変色している」「髪の毛が混入している」といった報告が相次いだ。17日時点での報告は80市区町村の計

1901件に上った。配布を急ぐ余り、検品が甘くなったのが一因とされた。その後も全世帯向けの布マスクからカビの生えたものが確認されるなど騒動は続き、業者は未配布分の回収に追われ、配達に遅れが生じた。東京を除けば、配布が始まったのは市中にマスクが大量に出回りつつあった5月中旬以降になり、国民が最も必要とする時期はとうに過ぎ去っていた。

緊急事態宣言発令後も、東京都の感染者数はうなぎ登りだった。4月8日に144人と最多を記録し、9日は181人、10日は189人と連日記録を更新すると、11日には197人と200人目前に迫った。宣言対象の7都府県以外にも感染が広がり、国内では11日に743人まで増え、5日連続で最多を更新した。愛知県や京都府は宣言対象に加えるよう政府に求めた。また、愛知県や岐阜県は独自の緊急事態宣言を発令した。

この頃、安倍は感染急増による世論の批判を恐れ、前のめりになっていた。関係省庁の閣僚や次官らを首相執務室に集めた連絡会議でこう語り、出席者を驚かせた。

「宣言を全都道府県に拡大すればいいじゃないか」

菅もあっけにとられた一人だった。感染が急増している道府県を追加することはやむを得ないとしても、対応を厳しくしすぎれば経済が麻痺しかねないと考えていた。全国への対象拡大に慎重だったのは菅だけでなく、今井も同じだった。二人が新型コロナ対応で足並みをそろえるのは珍しいことだ。その場では、結論は持ち越しとなった。

公明党は「我々は断頭台に立っているんです」とすごんだ

30万円という現金給付の額が決まれば、誰がもらえるかが最大の関心事となる。

政府は、一定以上の所得の世帯を除く約1250万世帯に総額で約3兆7500億円を支給する腹づもりだった。世帯主の2~6月のいずれかの月収が①減収により年換算すると住民税の非課税水準になる②半減して年換算すると住民税の非課税水準の2倍以下となる――のどちらかに当てはまる場合に支給しようとした。

ただ、非課税水準は市町村ごとに異なり、同じ減収額でも現金をもらえる人ともらえない人が出てくる。そこで総務省は4月10日、全国一律の新たな基準を発表した。たとえば単身世帯では月収が10万円以下に、もしくは半減して20万円以下になれば非課税水準とみなし、支給することにした。扶養家族の人数に応じた基準額も設けた。

政府が制度設計に追われている頃、公明党は不満を募らせていた。党本部には連日、30万円給付を受けられない人からの抗議や苦情が殺到した。支持母体である創価学会も、給付の可否で会員が分断される事態を恐れていた。14日、公明党幹事長の斉藤鉄夫は二階と会談し、30万円給付について「制度が分かりづらく、対象が小さい。非常に評判が悪い」とこぼした。

14日夕、二階は党本部に記者団を集めると、突然紙を読み上げた。

「一律10万円の現金給付を求める切実な声がある。できることは速やかに実行に移すことができるように、自民党としての責任を果たしてまいりたい」

二階は政府の新型コロナ対応のまずさに業を煮やしていた。岸田の向こうを張り、党の顔として存在感を示したいという思いもあった。発言に先立ち、気脈を通じる菅には内容を伝えておいた。菅はもともと30万円給付の方が望ましいと考えていたが、「途中から10万円でやるべきだと思っていた」と心変わりしていた。

二階自身は10万円給付をあくまで2次補正の目玉にすべきだという考えだった。「一律10万円」とは言いつつ、高額所得者は対象から外すつもりでもあった。

だが、二階の発言は本人の想定を超えるハレーションを生んだ。一律10万円は、公明党がかねて主張してきたものだ。公明党からは「うちの手柄を取ろうとしているのか」（幹部）と疑念の声がわき上がった。学会からも激しい突き上げを食らった公明党代表の山口は、思い切った行動に出る。

15日午前、山口は安倍のいる官邸に飛び込んだ。アポを入れたのは、わずか30分ほど前のことである。山口が安倍に予定外の面会を申し入れるのは異例だった。安倍と山口は安全保障政策などで路線が食い違い、相性は決してよくない。月1回の定例の昼食会でも2人の会話はなかなか弾まず、予定より早く終わって首相秘書官が慌てて執務室に戻ることもあった。

安倍と対面した山口はまなじりを決してまくしたてた。

「今の政府・与党は風通しが悪すぎます。風通しをよくして政府・与党が結束してコロナに対応しないといけない。意思疎通が十分できていない。国民から見てもそう思える。政府がやってることが国民の声からずれている。そういうことが重なっている。これはまずい」

続けて、山口は本題に切り込んだ。「自民党だって一律10万給付をやりたい。前の日に二階さんがそう発言した。公明党もそうです。野党もそうだ。読売新聞の記事によれば、総理ご自身もそうだったとなっている。西村大臣もそうだ、と。誰も、どの政党も、総理自身も望んでいないのに、なぜ30万になっちゃったんですか。財務省が覆したとなっている。財務省が決めて、それでいいんですか」

山口は、安倍の当初の腹案が「一律10万円給付」だったと書いた14日付の読売新聞朝刊の記事まで持ち出し、詰め寄った。記事には、リーマン・ショック時の「定額給付金」をトラウマとする麻生らの進言で、安倍が10万円給付案を封印した経緯が載っていた。山口の剣幕にのまれた安倍は折れざるを得なかった。

会談後、山口は記者団に「政府が緊急事態宣言を発してから広範な深い影響が社会、経済に及んでおります。その状況を踏まえて国民にメッセージをしっかり、連帯のメッセージを送ると、こういう趣旨で1人あたり10万円、所得制限をつけないで国民に給付する。これを総理に決断を促しました」と力を込めて語った。その上で、「総理からは『方向性を持って検討します』というお答えでありました」と述べ、安倍から前向きな回答を得たことを明らかにした。

ただ、この時点で、安倍は一律10万円給付を2次補正でやればいいと思っていた。この日の午後、山口に電話を入れ、「（自民、公明両党の）政調会長間でまとめてください」と伝えた。これに山口は「生活支援策を入れ替えましょう。30万円はやらないで、10万円を一律でやりましょう」と踏み込んだ。

1次補正予算案は7日に閣議決定済みだった。山口の言葉通りなら、予算組み替えという極めて異例の事態となる。「与党で決めた話なんだから、言うならもっと早く言ってくれよ。後から言われてもこっちが困る」。安倍は内心、そう思った。

安倍としては公明党に配慮したうえで30万円給付を決めたつもりでいた。20万円では、1世帯平均の2・18人（19年）に10万円を掛け合わせた額に及ばない。30万円なら、世帯単位で見ると、公明党が主張する「1人10万円」の給付水準をクリアする。

対する山口の心証は全く違っていた。公明党幹事長の斉藤がパイプ役となっている菅に10万円給付を働きかけても、菅は「総理がやっていることだから」と反応が薄かった。「安倍が勝手に進めた政策をのまされたあげく、支持者の批判にさらされた」と、山口の不満は頂点に達していた。山口の強硬ぶりに、安倍は「それも含めて政調会長間で話し合ってもらいましょう」と応じるのが精いっぱいだった。

夕方、自公両党の幹事長、政調会長らの会談が始まった。斉藤は「二階さんの発言に我々は勇気を得たんです。30万円を中止し、10万円を給付するのは政権のためだ」と二階を見やりながら口説いた。30万円給付を主導した岸田は「党の決定を覆すことはできない。責任問題になる」と拒んだ。公明党の言い分を聞けば、自分の手柄がフイになるだけに、当然の反応だった。二階側近で自民党幹事長代理の林幹雄が「一律給付は次の対策でやるから、それでいいじゃないか」と主張しても、公明党は固かった。山口から「一歩も引くな」と事前に指示されていた。

3時間にわたって断続的に開かれた会談は物別れに終わった。「俺は2次補正で10万円給付のつもりで言ったんだ」。自らの発言を逆手に取られた二階は、周囲に不満をぶちまけた。

16日朝、山口は携帯電話で安倍に「我々の主張は一切変わりません。『30万円』をやれば不評を買って、ますます支持率が下がりますよ。政権の危機になります」と改めて迫った。安倍が「うーん。そうは言っても、これまでの積み重ねがある」と渋ると、山口は「我々は断頭台に立っているんです。あとは政治決断しかありません」とすごんだ。

山口の言葉は、こけおどしではなかった。公明党は16日午前の衆院予算委員会の理事懇談会を欠席する意向を自民党に伝え、この日の理事懇を開けなくなった。国会の駆け引きで、時間稼ぎを狙う野党が理事懇を欠席するというのはよくある話だ。しかし、与党の欠席は通常、考えられない。山口の言い分をこれ以上無視すれば、公明党の連立離脱もありうる——。最悪のシナリオが脳裏にちらついた安倍は「引き取って検討する」と力なく答えた。

一律給付なら、当初案の3倍以上の12兆円超もの巨費が必要となる。安倍は真っ先に、麻生を呼んだ。一律10万円給付について意見を求めると、麻生は「今の対策が正しいと思っている。10万円をばらまくことに意味はない」と異論を唱えたものの、最終的には「総理の指示には従います」と渋々応じた。安倍は昼には二階、岸田らを呼び、公明党の意向をのむ考えを伝えた。岸田はこの後、記者団に「引き続き、調整の努力をするようにとの指示だった」と最後の抵抗を見せたが、大勢は決していた。

つじつま合わせの「一律10万円給付」

減収世帯向けの30万円給付を引っ込めて、一律10万円給付をどんな理屈で打ち出すべきか。官邸は、敗戦処理に頭を悩ませることになった。「『公明党に押し切られた』では理屈にならない」（官邸幹部）ためだ。今井らが窮余の策でひねり出したのが「宣言を全国に広げ、全国民への10万円給付の根拠とする」という論法である。大型連休前に宣言対象を全都道府県に広げる代わりに、迷惑をかける全国民に10万円を給付するというわけだ。一律10万円給付と全国への宣言拡大。本来は全く無関係だったはずの政策が、官邸のこじつけでセットになった。

4月16日午後、菅や西村、厚労相の加藤らが安倍の前に集まった。全国への宣言拡大を渋る菅に、最後は安倍が「それ（＝全国拡大）で行こう」と引き取った。内閣官房新型コロナウイルス感染症対策推進室長の樽見英樹がひねり出したアイデアが流れを作った。感染の深刻な地域は、防止策を重点的に行う必要がある「特定警戒都道府県」として知事に施設の使用制限の要請などを行うよう求め、その他の地域はいわば「単なるスローガン」として宣言対象に加えるものだった。

対象地域の拡大を協議する基本的対処方針等諮問委員会は17日にセットされる方向だったが、急遽16日夕に前倒しで招集した。全国への対象拡大案が委員に示されたのは、会合の直前だった。専門家は「開催の連絡が唐突だ」と不満を漏らしつつ、感染抑制の観点から政府案に賛同した。一方、経済への悪影響を恐れる菅は最後まであきらめきれなかったのだろう。「全国はやりたくなかったんだけどね」と周囲にこぼした。

安倍は16日夜の政府対策本部で、全都道府県に宣言を発令した。

「地域の流行を抑制し、特にゴールデンウィークにおける人の移動を最小化する観点から、全都道府県を緊急事態措置の対象とすることといたしました」と語った。その上で、「収入が著しく減少し、厳しい状況にあるご家庭に限って1世帯あたり30万円を給付する措置を予定しておりましたが、これに代わり、さらに給付対象を拡大した措置を講ずべきと考えます。緊急事態宣言により、外出自粛をはじめ、様々な行動が制約されることとなる全国すべての国民の皆様を対象に、一律1人あたり10万円の給付を行う方向で与党において再度検討を行っていただく」と表明した。

宣言の期間は5月6日までで据え置いた。宣言を発令済みの7都府県と北海道、茨城、石川、岐阜、愛知、京都の6道府県を「特定警戒都道府県」と位置づけた。

安倍は4月16日夜、周囲に「全国でやるべきだと先週からずっと考えていたんだ。菅さんは慎重だったけど」と菅を気にするそぶりを見せた。一律10万円給付と宣言をセットにしたことには「これなら理屈が立つ。公明党だけに押し込められたというだけではダメだから」と説明した。それでも、官邸のメンツを立てるためのつじつま合わせだということは自覚していたようだ。「緊急事態宣言を出してから世の中の空気が変わった。ささくれ立っている。もう政策論じゃない」と苦しい胸の内を明かした。

12年12月に首相の座に返り咲いて以降、官邸主導で決めた政策が与党の異論で覆されるのは前代未聞のことだ。ある閣僚経験者は「政権の底が抜けた」と評した。安倍の求心力低下は、覆い隠しようもなかった。

17日、安倍は官邸で記者会見を行った。「ウイルスとの闘いを国民とともに乗り越えていく。その思いで、全ての国民に1人当たり10万円の給付を行うことを決断した」と語った。給付を巡る混乱には「混乱を招いてしまったことは私自身の責任であり、国民に心からおわびを申し上げたい」と陳謝した。

息を吹き返した菅

一斉休校に始まり、アベノマスクやSNS動画、現金給付の方針転換、そして緊急事態宣言の全国拡大——。これらはいずれも安倍とその側近が菅抜きで進め、その多くが結果的に官邸の求心力低下をもたらした。

かつて安倍と菅は二人三脚で官邸主導を演出し、菅が「総理と判断が違ったことはない」と豪語したこともあった。それがこの時期の官邸は、あたかも安倍による独り舞台のような趣を呈していた。ポスト安倍をめぐる官邸内での確執に加え、新型コロナで外交が止まったことも菅には災いした。見せ場を失った安倍が国内のコロナ対応で前面に立つほど、菅の出番が減るのはある意味、自然な流れでもあった。

「自分がよほどまずいと思うところだけやっている」。親しい人にそう漏らすほど、菅は一時期、明らかに精彩を欠いた。それでも、官房長官として培ってきた手腕はなお健在だった。安倍周辺が新型コロナ対応で失策を重ねるにつれ、菅が再び存在感を示すようになるまでに、さほど時間はかからなかった。

菅には、新型コロナ対応でブレーンと頼む専門家がいた。政府の専門家会議のメンバーで川崎市健康安全研究所長の岡部信彦だ。毎週1回、官邸に近いザ・キャピトルホテル東急で会い、助言を求めた。

「欧米では何であんなに新型コロナで人が死ぬんですか」

菅の率直な問いかけに、岡部は「医療が崩壊しているから治療を受けられない。ベッドもない、呼吸器もない中で、若い人が入院してきたら年寄りの呼吸器を若い人に回しているからです」と応じた。「重症者や中等症患者向けの病床、軽症者や無症状の人が入る宿泊療養施設を確保すれば医療崩壊は防げる」。菅は岡部の進言を心に刻んだ。

感染が広がった3月、全国の病床は症状の軽重にかかわらず受け入れたために逼迫し、宿泊療養施設の確保は急務となっていた。安倍は自ら、軽症者の受け入れ先となる都内のホテルの確保に動いた。どこのホテルも風評被害を恐れ、自発的に手を挙げてくれるとは思えなかったからだ。人づてに電話番号を聞き出し、直談判した相手は、大手ホテルチェーン「アパホテル」のグループ代表・元谷外志雄《としお》だった。説得の末、元谷から「1万床は出せる」との言質を得た安倍は、ようやく胸をなで下ろした。

一方の菅は、右腕の和泉をフル活用した。宿泊施設の確保では、自治体との調整にまごつく厚労省に愛想を尽かし、和泉を使って省庁横断で取り組ませた。「枠組みを作るのが俺の仕事。役所を動かすのはやっぱり和泉なんだよな」。かつてのコンビが復活し、活力を取り戻した菅はしみじみと漏らした。

和泉は、東京五輪・パラリンピック大会の警備に当たる警察官の仮宿舎を患者の一時滞在施設にしようとした。東京・晴海周辺で建設中だった仮宿舎を改修したうえで、軽症者、無症状者用だけでなく、中等症患者にも対応できるよう呼吸器も備え、800床分を確保した。これとは別に日本財団の用地提供を受け、品川区の「船の科学館」周辺にも中等症患者向けの医療施設の整備を進めた。

こうした取り組みは全国で進められ、のちに奏功することになった。4月21日、政府関係者にとってショッキングな出来事が起こった。埼玉県で軽症のため自宅療養中だった50歳代の男性が死亡したのだ。男性は感染判明後も入院先が見つからず、自宅で過ごしていた。

これを受け、政府は23日、軽症者らの自宅療養も認めていた方針を転換し、宿泊療養を基本とした。その時点で、すでに32都道府県が宿泊療養施設の用意を進めていた。加藤は「これまで宿泊療養の体制が整っていなかったが、かなりの地域で体制ができている」と安堵した。

和泉は医療機関への医療物資の配布も仕切った。病院からは、サージカルマスクや医療用ガウン、フェースシールドなどが「足りない」と悲鳴が上がっていた。逆に、物資が余っている医療機関もあった。こうした現状を聞きつけた菅は、医療機関への配布システムづくりを和泉に指示しておいた。

安倍は24日の政府対策本部で、「医療現場の皆さんの感染予防に万全を期すために、ひとつでも多くの医療防護具を現場に届ける必要があります」と述べ、国が医療機関に医療物資を配布する考えを表明した。インターネットを使って医療物資の保有状況を調べ、1週間以内に在庫切れの恐れがある医療機関に国から物資を直送する仕組みは、菅の意を受けた和泉が形にしたものだった。

菅は宿泊療養施設と医療物資の緊急配布にめどをつけると、「この二つでほとんど完璧だと思う」と政府対応に自信をのぞかせた。このほかにも、和泉は西村が手を焼いた小池対策として、東京都との協議まで担当することになった。

一方、PCR検査数の伸び悩みに業を煮やした菅は4月下旬、「法律違反になる」と訴える厚労省の反対をわずか数日でねじ伏せ、歯科医師も検査に必要な検体を採取できるようにした。危機管理の穴をふさぎ、必要なら力業で霞が関を動かす剛腕ぶりは、「菅の復活」を強く印象づけた。

これまで余計な露出を避けてきた菅はこの頃、ある変化を見せた。24日発売のビジネス誌「プレジデント」で「菅義偉の戦略的人生相談」と題した連載をスタートさせたのだ。

菅は高校時代から読売新聞の「人生案内」を愛読し、相談内容を読んでは「自分だったらどう答えるか」と思いを巡らすのが毎朝の日課となっている。「紙面の回答と食い違うことはほとんどない」というのが、菅の自慢でもある。プレジデントでの初回は「英語が得意なのに、会社では活かせません」という新入社員からの相談だった。菅は「僕も漠然と期待を持って上京したけど、現実は甘くありませんでした」と懇切に答えた。日頃のこわもてぶりとは打って変わり、ソフトな語り口だった。息を吹き返した菅が、視線の先に何を見据えてこんなことを始めたのか。安倍との溝が取りざたされていた時期とあって、菅らしからぬ動きは様々な臆測を呼んだ。

宣言延長と出口戦略

緊急事態宣言の全国拡大で、各地の飲食店は閑古鳥が鳴き、観光地も人影はまばらだった。日本銀行は4月27日、金融政策決定会合を開き、景気悪化を踏まえて追加の金融緩和策を決めた。日銀総裁の黒田東彦《はるひこ》は記者会見で「政府が大規模な財政・経済政策を打っている。日銀も金融（緩和）政策をかなり大幅に強化した」と語った。長期国債を買い入れる「年間80兆円をめど」の上限を撤廃し、社債とコマーシャルペーパー（CP）の買い入れ枠を約3倍に広げ、企業の資金繰り支援に乗り出した。

経済が厳しい中でもなお、全国知事会は29日のテレビ会議で、全都道府県で宣言を延長するよう求める方針を決めた。解除すれば都市から地方への人の移動が増え、感染がぶり返すことを恐れた。専門家も全都道府県での宣言延長を求めていた。

こうした声に押され、安倍は29日の参院予算委員会で「5月6日に緊急事態が終わったと言えるかどうかは、依然厳しい状況が続いている」と述べ、解除は難しいと認めた。29日夜、安倍は「東京が減ってきたのはいいが、緊急事態宣言はもう1回は延長せざるを得ない。対象地域は専門家次第だが、『まだ厳しくやってくれ』という地方が多いんだから、そういう方向でいいかなと思う」と漏らした。

宣言延長とともに、出口戦略をどう描くかが焦眉の急となっていた。「延長はあくまで1回限り」という相場観は安倍に限らず、官邸関係者の共通認識だった。安倍が二階に宣言延長を伝えた4月30日、官邸で安倍や菅らによる新型コロナ対策の連絡会議が開かれた。資料として、専門家会議が5月1日に打ち出す提言案の要約版が配られた。

「今後の対策期間は、原案ではどういう書きぶりになるの」。首相秘書官の一人がこう質問すると、事務方が「1年以上は何らかの形で持続的な対策が必要」との表現になっていると説明した。それに対し、首相補佐官の長谷川が「1年なんて、まじめにやっている人たちがキレますよ」と異論を唱え、今井も「限界だ。国民が破裂しますよ」と同調した。安倍は「なぜこんなに長くしなければいけないのか」と疑問を投げかけ、菅も「限界だよね」と加勢した。「1年以上」という表現は、5月1日の提言からは消えていた。

安倍は30日の連絡会議の後、官邸で記者団に「みんなが楽しみにしているゴールデンウィークではありますが、今緩んでしまってはこれまでの努力が無駄になってしまいます。自分自身を守るため、愛する人を守るためにどうか、外出を控えて頂きたいと思います」と語った。「医療従事者の皆様の負担を考えると、現状は大変厳しい。5月7日からかつての日常に戻ることは困難と考えます。ある程度の持久戦は覚悟しなければならない」とも述べ、宣言延長を事実上表明した。

菅は本心では全国一律の延長に反対だったが、声高に異論を唱えることはなかった。「知事は『延長してくれ』という人が多い。沖縄なんて『（県外から）来ないでくれ』と言っている」ためだった。

安倍は4日の政府対策本部で、全国を対象とした宣言を5月31日まで延長すると正式表明した。その後の記者会見では、「我が国の雇用の7割を支える中小・小規模事業者の皆さんが、現在休業などによって売り上げがゼロになるような、これまでになく厳しい経営環境に置かれている。緊急事態をさらに1か月続ける判断をしなければならなかったことは断腸の思い」と国民に語りかけた。

一方、安倍は「有効な治療薬、有効な治療法の確立に向かってこの1か月、一気に加速していきます」とぶち上げた。エボラ出血熱の治療のために米製薬会社が開発した抗ウイルス薬「レムデシビル」の承認申請をこの日、受けたことを明らかにして、「速やかに承認手続きを進めます」と強調した。富士フイルム富山化学が製造する新型インフルエンザ治療薬「アビガン」も臨床試験が着実に進んでいるとして、「今月中の（薬事）承認を目指したい」と明言した。

官邸はレムデシビルを重症者、アビガンを軽症者に使うつもりだった。レムデシビルは、医薬品医療機器法の特例承認制度に基づいて申請からわずか3日後の7日に承認され、11日から医療機関への配送が始まった。米国で新型コロナ治療薬として重症患者への緊急使用が承認済みだったことが追い風となった。

ただ、官邸が早期投与開始にこだわったアビガンに対する厚労省の反応は鈍かった。厚労省は承認にあたってはデータの積み上げを重視した。アビガンは未承認薬を服用した患者の経過を追跡する「観察研究」との位置づけだった。藤田医科大は15日までに計407医療機関で投与された2158人分の情報について分析し、26日に中間報告を公表した。新たな副作用は確認されず、投与開始14日目に軽症者の88％、酸素の吸入が必要な中等症の人の85％、人工呼吸器などを使う重症者の60％が改善した。ただ、同大教授の土井洋平は「大多数の患者は数週間で自然に改善する。アビガンを服用しなかった患者と比較しておらず、効果は評価できない」と慎重だった。「いいデータが取れればね」と周囲に語っていた加藤はこの日、月内承認を事実上断念する考えを示した。「薬が進めば、一気に医療現場は楽になる」。そんな安倍の期待は、またしても空振りに終わった。

「岸田は有事の総理じゃないね」と麻生はこぼした

緊急事態宣言の延長を受け、政府・与党は4月30日に成立した第1次補正予算に続き、第2次補正予算案の検討を急いだ。

岸田は1次補正で肝煎りだった減収世帯への30万円給付が撤回となり、「メンツ丸つぶれ」（岸田派議員）の状態だった。撤回後の4月16日、岸田は自身のツイッターに「自民党としても当初から訴えてきた10万円一律給付を前倒しで実施することを総理が決断しました。あとはスピード、全力で取り組みます」と書き込んだ。30万円給付という話など最初からなかったかのような言いぶりに、党内からも冷ややかな視線が注がれていた。

汚名返上を狙う岸田は、家賃支払いが難しくなった中小・小規模事業者や個人事業主への支援策に目を付けた。野党は4月下旬の段階で、減収した中堅・中小企業や個人事業主の家賃を政府系金融機関が肩代わりし、借り手の返済を1年猶予する案をまとめていた。だが、この野党案に、官邸は「政府系金融機関の業務がパンクする」と懐疑的だった。安倍は岸田に与党案を取りまとめさせるつもりだった。

岸田は、融資と助成を組み合わせた「ハイブリッド型」の支援策を練った。金融機関から無利子・無担保融資を受ける一方、国が助成金などを支給して家賃などの返済に充ててもらう内容だ。岸田は28日の衆院予算委員会で「融資と助成のハイブリッド型の新たな仕組みで、家賃をはじめとする固定費への支援が考えられないか」と安倍に提案し、安倍は「政府としてもしっかりと受け止める」と前向きに応じてみせた。

安倍のお膳立てで、岸田は党内論議の取りまとめを急いだ。大型連休中の5月1日に実母を亡くす不幸に見舞われても、4日の家賃支援策の党プロジェクトチームの会合に姿を見せた。やつれた表情を見せながらも、じっと議論に聞き入る姿に、出席者は岸田の意気込みを感じ取った。

7日の会合では、政府系金融機関などが無利子・無担保で融資した上で、半年間の家賃の3分の2を国が「特別家賃支援給付金」として事業者に給付する案をまとめた。50万円という給付上限額に異論が出たものの、「スピード決着」にこだわった岸田が押し切った。この案を見た公明党は「支援の手が行き届くのに時間がかかる」（幹部）と危ぶみつつ、一律10万円給付で岸田の顔に泥を塗った手前、不満をのみ込んだ。

岸田は12日、財務省を訪れて麻生と向き合った。家賃支援策を含めた2次補正予算案の重点要望を書き並べた1枚紙の資料を差し出すと、「協力をお願いします」と麻生に頭を下げた。

前回の岸田の失敗が頭にあった麻生は「極力、協力する」と約束する一方で、「幹事長とも話をして、野党の意見も取り入れるように。『岸田がまとめられなかった』と言われないためにな」とクギを刺すことを忘れなかった。

しかし、自分の案にこだわる岸田は野党との協議に後ろ向きだった。翌13日、立憲民主党政調会長の逢坂誠二と家賃支援策をめぐる初協議に臨んだ。逢坂があれこれ水を向けても、岸田は「明言できない」「答えられない」を連発し、同席者を当惑させた。

足元の自民党での仕切りのまずさも露呈した。7日の党経済成長戦略本部などの合同会議では、4時間にわたって100人近い議員から経済対策についての意見や要望が相次いだ。党の会議がここまで長引くのは異例のことだ。あまりの長さに途中退席した議員は「もっと党主導でやらないといけないのに、岸田君は『政府に伝えます』ってそればっかり。党として、やることはすぱっとやる、できないことははっきりそう言わないと」とあきれ顔だった。会議で配った政府への提言書は2次補正予算案に触れておらず、「こんなものが出回ったら批判が出る」との声が出て、急遽回収が決まった。

2次補正予算案に向けた自民党の提言取りまとめも荒れ模様となった。20日の党経済成長戦略本部などの合同会議で示した提言案には、肝心の予算総額が明記されていなかった。出席議員からは「真水（直接的な支出で）100兆円規模が必要だ」「規模が示されなかったら意味がない」といった不満の声が相次いだ。

岸田は21日、安倍に提言書を手渡し、「党の議論では、（自治体への）臨時交付金と予備費の充実を求める声が強くあった。政府にしっかりと受け止めていただきたい」と伝えた。この後、記者団に予算規模を問われると、「しっかりとした予算を積み上げたい」と煮え切らない物言いに終始した。官邸にはっきりと物を言わない岸田に、党内では失望感が広がった。

　ポスト安倍の最右翼とされながら、岸田の立ち居振る舞いは、頼りなさばかりが目についた。安倍と同じく岸田に期待していた麻生は「今回の対応を見ていると、岸田は有事の総理じゃないね」とこぼした。

　岸田のもたつきぶりを目の当たりにして、菅は「（ポスト安倍には）どう考えても無理だよね」と突き放した。むしろ、安倍が嫌い抜いている石破のことを「可能性はあるでしょう」と評してみたり、「河野太郎もある。安定政権のあとだから、ちょっと変わってるくらいの方がいいかもしれない」とけむに巻いたりもした。ポスト安倍への意欲は「ない」と、いつもの無関心を装った。

宣言解除へ

　やることなすことが裏目に出る安倍の救いは、新型コロナの感染拡大が落ち着いてきたことくらいだった。緊急事態宣言の延長後、感染者は順調に少なくなった。5月7日は国内の1日あたりの新規感染者が96人にとどまり、3月30日以来、38日ぶりに100人を下回った。5月8日は89人、9日は114人と増えたものの、10日は70人に減った。東京は22人で、宣言発令後では最少となった。

　政府は専門家会議と基本的対処方針等諮問委員会で、13の特定警戒都道府県を除く34県の宣言解除を取り付けたい考えだった。34県では新規感染者がゼロのところが多く、大型連休後も対象にとどめる意義が薄れていた。西村は10日の記者会見で「34県の多くは解除が視野に入ってくるのではないか」と明言し、特定警戒都道府県についても「岐阜県とか茨城県とか、かなり感染者数が少なくなってきているところがある。場合によっては解除もあり得る」と述べた。菅は11日の記者会見で、新型コロナ患者を受け入れる全国の病床数について「約3万床を確保する見込みが立った」と語った。4月28日時点の入院患者約5600人に対し、確保済みの病床は約1万4000床だった。一時、切迫していた医療提供体制は明らかに改善していた。それでも、5月14日の政府の専門家会議と諮問委員会がどう判断するかは予断を許さなかった。

専門家会議のメンバー12人のほとんどは医療分野の専門家が占めた。改正新型インフルエンザ対策特措法が3月13日に成立し、政府は緊急事態宣言の発令や解除にあたって基本的対処方針等諮問委員会の判断を仰ぐことになった。諮問委は16人中、専門家会議の12人が全員参加していた。役割こそ違えど、感染防止に重きを置く組織がもう一つ増えた形だった。

政府は宣言解除に向け、これらの体制見直しに手を付けた。5月11日、西村は衆院予算委員会で「経済、社会への影響に見識の深い専門家に加わっていただく方向で調整を進めている。経済財政諮問会議との橋渡しもできるような体制を取りたい」と述べた。12日には、諮問会議の議員も務める国際経済学者で慶大教授の竹森俊平ら4人の追加メンバーを発表した。

13日には34県に加え、特定警戒都道府県に指定されていた茨城、愛知、岐阜、石川、福岡の5県の解除が内定した。だが、専門家会議は解除決定に先立ち、「直近1週間の新規感染者数が10万人あたり0・5人程度以下」という基準を課した。安倍が「聞いた時、『えっ』と思った」ほど、「かなり厳しい数字」だった。専門家は官邸の反対を押し切り、政府が14日に改定する基本的対処方針に盛り込むことになった。

安倍は14日、予定通り39県の宣言解除に踏み切った。記者会見では「ここからコロナの時代の新たな日常を取り戻していく。きょうはその本格的なスタートの日であります」と力を込めた。「可能であれば（宣言の）期限の31日を待たずに解除する考えであります」とも述べ、早期解除を目指す意向を明かした。

14日の諮問委員会には、経済専門家4人が早速参加した。もっとも、政府の狙い通りに経済再生を後押ししてくれるという訳にはいかなかった。竹森は会合終了後、「経済を選ぶか、生命の安全を選ぶかという対立が世界的に起こっているが、そういう対立は強めたくない」と記者団に語った。この日から加わったある委員は「経済の専門家は『蚊帳の外』だった。口を出すなら人命と同じ重さの根拠が必要になる」と打ち明けた。

#検察庁法改正案に抗議します

新型コロナで苦難続きの安倍に、黒川の定年延長問題が再び追い打ちをかけた。

5月8日、検察庁法改正案が衆院内閣委員会で実質審議入りした。改正案は、①検察官の定年を63歳から65歳に引き上げる（検事総長は65歳のまま）②最高検次長検事、高検検事長、検事正らは63歳でポストを退き、一般の検事になる「役職定年」を新設する③検事総長は内閣や法相が定める事由があると認めるときは、最長3年間（68歳まで）定年を延長できる④63歳になった次長検事、検事長、検事正らは内閣や法相が定める事由があると認めるときは「役職定年」を延長し、最長3年ポストにとどまることができる——ことが柱だ。官僚トップの杉田が法案の取りまとめを指揮した。

野党は③と④の特例規定を問題視した。事件処理で独立性が求められる検察が官邸に忖度することにつながるという論法だ。さらに改正案は、政府が黒川の定年延長を「後付けで正当化するものにすぎない」と攻め立てた。

官邸には予想外の方向からも火の手が上がった。9日以降、小泉今日子や宮本亞門、井浦新、きゃりーぱみゅぱみゅら著名人が相次いでツイッターに改正案を批判する声を投稿し、「#検察庁法改正案に抗議します」というハッシュタグをつけたツイートが急速に拡散した。日本弁護士連合会は11日に臨時記者会見を開き、「政治家も捜査対象にする検察の中立性や独立性が脅かされる」と訴えた。野党は勢いづき、枝野はこの日の衆院予算委員会で「総理は感染症危機を乗り越えることよりも、こうした世論に背を向けて、自分に都合の良い法律を作ることを優先して、危機の状況を政治的に悪用しようとしてるんじゃないか。火事場泥棒のようだ」と安倍を突き上げた。

菅は杉田とともに強気の構えを貫いていた。菅は自民党国会対策委員長の森山裕と連携し、改正案の採決で日本維新の会の賛成を取り付けるため、定年延長の経緯や理由を行政文書として残すことなどを盛り込んだ付帯決議の準備を進めた。

しかし、非難の嵐は強まる一方だった。15日にはロッキード事件の捜査に携わった元検事総長の松尾邦弘ら検察ＯＢ14人が改正案に反対する意見書を提出した。この日の衆院内閣委員会では、国民民主党の後藤祐一が検察幹部の定年を最大3年延長できる特例規定の適用基準を明らかにするよう求めた。法相の森雅子は新たな人事院規則がないとして「具体的に全て示すことは困難だ」と答弁した。その後も森は曖昧な答弁を繰り返し、委員長の松本文明（自民党）が「森大臣、（野党の質問に）『その通りです』と言えばいいじゃない」と思わずつぶやく一幕もあった。立憲民主党など野党4党は委員会採決を阻止するため、改正案を担当する行政改革相の武田良太に対する不信任決議案を提出した。

安倍はこの日の晩に出演したインターネット番組で、黒川とのかかわりについて「私自身は黒川さんと二人でお目にかかったことはないし、個人的な話をしたこともない」と説明し、どこか他人事のようだった。実際のところ、安倍は改正案にさほど思い入れはなかった。「菅さんが『やった方がいい』と言っている。仕方がない」と周囲にこぼすほどだった。

改正案の採決を強行すれば、野党との全面対決は避けられず、2次補正予算案の成立がずれ込むのは確実だった。焦りを強めた今井が通常国会での成立見送りを安倍に進言すると、菅に気兼ねしていた安倍もようやく腹をくくった。17日、「強行採決までして通す法案ではない。無理する必要はない」と菅に成立見送りを指示した。首相秘書官の一人は「杉田さんには悪いが、こんな法案を出してはダメだ」と毒づいた。

騒動はそれだけでは終わらなかった。週刊文春は20日の電子版で、「接待賭けマージャン」の見出しとともに、黒川が緊急事態宣言期間中に産経新聞記者や朝日新聞の元記者とマージャンに興じていたことを報じた。黒川は21日、安倍宛てに辞表を提出し、「私の行動は緊張感に欠け、軽率にすぎるものだ。猛省している。職にとどまることは相当ではない」とコメントを発表した。

森は官邸で安倍に一連の経緯を説明した際、「責任を痛感している」として進退伺を提出した。安倍は「損なわれた検察の信頼を回復するため、引き続き職務にあたってもらいたい」と慰留した。自らの求心力低下に拍車をかける閣僚辞任を認めるはずもなかった。安倍は記者団に「総理大臣として当然責任があると考えております。ご批判は真摯に受け止めたい」と神妙に語った。

安倍が被った打撃は深刻だった。安倍は検事総長の稲田伸夫が記者会見などで一向に説明しないことに不満を募らせ、「これは検察庁の不祥事だろ。検事総長は何をやってるんだよな」と周囲にいら立ちをぶつけた。口にはしないまでも、黒川の定年延長にこだわって傷口を広げた菅にも、複雑な思いを抱いていたはずだ。

「安定しない政権は支持されない」

安倍は局面を打開しようと、緊急事態宣言の全面解除を急いだ。

大阪府では5月17日、3月9日以来、69日ぶりに新規感染者がゼロになった。東京都で確認された5人はいずれも感染者の濃厚接触者で、宣言発令以降、感染経路の不明者がいなかったのは初めてのことだ。特に、大阪、京都、兵庫の関西3府県は、5月12~18日の感染者数が、解除基準とされた「直近1週間の新規感染者数が10万人あたり0・5人程度以下」という目安を下回った。解除の環境は整いつつあった。

安倍以上に解除を急いでいたのが菅である。「経済が回復できない程度まで壊れてしまわないか。V字回復も何もなくなってしまう」と懸念を深めていた。20日、官邸で宣言解除について協議した際、菅は「21日に一括解除すべきだ」と安倍に訴えた。

だが、安倍は東京などが解除基準を満たしていないことを理由に、一呼吸置くことにした。21日、関西3府県の宣言解除を記者団に表明すると、この後の政府対策本部で「解除が進む中、感染拡大を予防しながら新たな日常を作り上げるチャレンジが全国で始まりつつある」と述べ、全面解除に踏み切る意向をにじませた。さらに、安倍は28日と見込んでいた解除の最終判断時期を25日に前倒しする考えを表明した。

25日の諮問委員会で、西村は「全ての都道府県で緊急事態宣言を実施する必要がなくなったと認められる」と全面解除を諮問した。諮問委メンバーの国立感染症研究所長の脇田隆字は「21日に諮問委をやったばかり。頻繁にやる理由は何でしょうか」と、全面解除を急ぐ政府を皮肉った。それでも、諮問委は最終的には解除は妥当と結論づけた。解除基準を満たしていない北海道と神奈川も感染経路不明者の割合が低く、病床をはじめとする医療提供体制も十分に確保されていることが決め手となった。委員の一人は「政治の側が解除を判断するのなら、積極的に止める理由はない」と語った。

諮問委の後、安倍は記者会見に臨み、「緊急事態を宣言しても、罰則を伴う強制的な外出規制などを実施することはできません。それでも、わずか1か月半で今回の流行をほぼ収束させることができました。まさに、日本モデルの力を示したと思います。心より感謝申し上げます」と国民に頭を下げた。「緊急事態宣言全面解除後の次なるステージへ、国民の皆さんとともに力強い一歩を踏み出します。目指すは、新たな日常を作り上げることです。ここから先は発想を変えていきましょう」とも述べ、解除後の外出や店舗営業、イベント開催を段階的に再開する方針を打ち出した。

政府は27日、歳出総額は補正予算で過去最大の約32兆円、追加対策の事業規模約117兆円の2次補正予算案を閣議決定した。1次と2次を足せば事業規模は約234兆円に達した。安倍の言葉を借りれば、「GDPの4割にのぼる空前絶後の規模。世界最大の対策」となった。国会閉会後に新たな対策を打つことを見越し、使い道を決めない予備費も10兆円計上した。

安倍は宣言解除後、周辺に「ここまで感染症がひどくなる事態は想定していなかった。準備不足だったのは確かだ」と見通しの甘さを反省した。2017年に森友・加計学園問題で批判を浴びたときには、臨時国会で審議に入らないまま衆院解散・総選挙に打って出たことに触れ、「支持率が持ち直せたら、秋は考えないといけないね」とも漏らした。感染の封じ込めにひとまず成功し、安倍はようやく一息つくことができた。この頃はまだ、反転攻勢に思いをはせる余裕もあった。

一方の菅は全面解除にこぎつけ、「経済は何とかギリギリ持ちこたえた」と安堵した。ただ、今井ら首相周辺による新型コロナ対応が迷走したことには「安定しない政権は支持されない」と言い切った。菅にとっては少なからず、後味の悪さが残る節目となった。

今は昔の「安倍1強」

新型コロナ対応の不手際は、安倍から新たな政策課題に立ち向かう力を削いだ。象徴的だったのが、学校休校の長期化を踏まえて検討した「9月入学」だ。

安倍はかねて「大学の9月入学」を訴えてきた。第1次内閣の07年には、政府に設けた教育再生会議で大学の9月入学を促す提言をまとめたこともある。政権を奪還した12年衆院選では政権公約に盛り込んだほどだ。

宮城、広島、山口など17県の知事でつくる「日本創生のための将来世代応援知事同盟」は4月28日、学校の9月入学制導入を検討するよう政府に求める緊急共同メッセージを採択した。都知事の小池もこの日、9月入学について「留学を呼び込むにもプラスになる。一種のパラダイムシフト（劇的な変革）で、大きく社会を変えるきっかけになる」と強調した。文部科学相の萩生田は記者会見で「一つの選択肢としてシミュレーションしている」と認めた。休校長期化で学習の遅れが深刻化し、年間の教育課程を予定通りこなせるのかとの危機感が強まっていた。

安倍は29日の衆院予算委員会で「これぐらい大きな変化がある中では、前広に様々な選択肢を検討していきたい」「国際社会全体の中では、9月（入学）が主流であるのも事実だ」と意欲を示した。周囲には「今の状態が6月末までいったら小学校のカリキュラムでは対応できない。その場合、留年になってしまう。それでもいいのかという話だ。来年4月まで待つよりは、9月入学でもいいだろう」と狙いを解説した。導入に道筋をつければ、政権のレガシーになるとの思惑も見え隠れした。

安倍の指示を受けた杉田は30日、文科省など関係省庁の次官を集めて本格的に協議を始めた。菅は「（9月入学の導入に向けた）いい機会ではある」とは認めつつ、「これから（反対派の）揺り戻しがある」と踏んでいた。大学はともかく、義務教育まで含めるとなると、9月入学のハードルはぐっと高くなる。必要となる法改正や制度変更はあまりに多かった。たとえば、学校教育法は義務教育の開始年齢を定め、財政法は国の会計年度を「4月1日に始まり、翌年3月31

日に終わる」と規定しており、年度替わりと統一するかどうかといった整理も必要となる。賛成意見が多い経済界でも、「制度設計などそう簡単ではない」（経団連会長の中西宏明）といった声が上がっていた。

「私が言ったところで進むものじゃないからね」。安倍はそんな言葉を漏らしつつ、5月に入ってもあきらめ切れずにいた。5月14日の記者会見で「9月入学も有力な選択肢の一つであり、前広に検討していきたい」と執念を見せた。文科省は19日、21年9月に導入する場合の小学校入学の対象について、①21年度に17か月分の児童を一斉入学させる②毎年13か月分の児童が時期をずらしながら入学し、5年かけて移行させる――との2案を示した。

しかし緊急事態宣言の解除が進み、学校再開に向けた動きが本格化すると、9月入学の機運は急速に薄れた。自民党議員の有志61人は22日、「拙速な議論に反対する」との提言を発表し、自治体首長からも慎重論が相次いだ。安倍は一転して、25日の記者会見で「拙速は避けなければならない」とトーンダウンした。自民、公明両党が早期導入見送りを求める提言を相次いでまとめると、新型コロナ対策としての9月入学の検討は尻すぼみとなった。「安倍1強」と言われた時期はとうに過ぎ去り、与党の反発を押し切るだけの体力はもはや残っていなかった。

第五章　「菅さんは目力が強くなった」——８年ぶりの新総裁

長期政権の落日

緊急事態宣言の全面解除後も、安倍はなお、国会で苦しい戦いを強いられていた。

終盤国会では、新型コロナで打撃を受けた中小企業の支援策「持続化給付金」がやり玉に挙がった。第1次補正予算に盛り込まれた持続化給付金は、売り上げが急減した中小企業などに最大２００万円を支給するものだ。経産省は給付金の周知や受け付け業務、振り込みなどの業務を一般社団法人「サービスデザイン推進協議会」に７６９億円で委託した。

問題となったのは、協議会がこれらの業務を電通に20億円少ない７４９億円で再委託した点だ。野党は「電通に直接委託すれば、無駄が省けたはずだ」と主張した。６月４日の参院厚生労働委員会で、社民党党首の福島瑞穂は「20億円が中抜きされている」と訴えた。経産省によれば、20億円の内訳は給付金の手数料が15・６億円、人件費が１・２億円、残りは旅費や事務用品費だった。安倍は「10億円以上は銀行に手数料として払っており、(中抜きだとする)前提自体どうなのか」と気色ばんだ。

野党は需要喚起策「Ｇｏ　Ｔｏ　キャンペーン」の委託費も攻め立てた。キャンペーンは、旅行代金を最大で半額分補助する「Ｇｏ　Ｔｏ　トラベル」と、ポイント付与やプレミアム付き食事券で外食産業の売り上げ回復を狙う「Ｇｏ　Ｔｏ　イート」などからなる。総事業費約１・７兆円のうち、委託費は18％にあたる３０９５億円だった。「高額すぎる」と批判を受け、経産省は５日、委託先の公募手続きをいったん中止した。そのあおりで、当初は７月下旬を見込んでいた事業開始は、８月上旬にずれ込む公算が大きくなった。

野党は、２次補正予算案に盛り込まれた10兆円の予備費も問題視した。予備費は、災害などの不測の事態に備えるための費目で、20年度当初予算の計上額は５０００億円、１次補正予算でも１兆５０００億円にとどまる。10兆円は異例の予算規模と言える。予備費の具体的な使い道は政府の判断に委ねられることから、立憲民主党など野党４党は「国会軽視だ」として大幅減額を求めた。

自民党国会対策委員長の森山は５日、立民国対委員長の安住淳と会談し、10兆円のうち５兆円の使い道について①雇用調整助成金などに１兆円②持続化給付金や家賃支援給付金などに２兆円③地方向け交付金などに２兆円——と説明した。

それでも、９日の衆院予算委員会では立民の大串博志が「総理は国会の場でこれ以上追及されるのは嫌で、もう国会を開かないために10兆円もの予備費を積んだのではないか」と詰め寄った。安倍は「全く的外れな批判だ。この国会に１６０時間以上、出席させていただき、新型コロナウイルス対策と同時に国会での説明責任を果たさせていただいている」と反論した。「野党はずっと同じことの繰り返しだもんな」。国会審議でのつるし上げにうんざりした安倍は、そうぼやいた。

政治家にとって会食とは

安倍の求心力低下を見て、永田町ではポスト安倍に向けたうごめきが加速していた。その渦中にいたのが、老練な二階である。

日頃の二階は、人の話をちゃんと聞いているのか危ぶまれるほど、気の抜けたような様子を見せることが多い。それでも、いったん勝負所と見るや、並外れた発想力と行動力を発揮する。最側近である党幹事長代理の林すら「とても及ばない」と舌を巻くほどだ。

二階は６月１日の記者会見で、これまで持論だった安倍の総裁連続４選についての言いぶりを微妙に変えた。「総裁から積極的に『私がかれこれしかじかのことでやりたい、やらしていただく』という表明があってすべきだ。私から『総理、いかがでしょうか』とお伺いを立てにいくものではない」と述べた。周囲に「安倍さんのもとで選挙をやりたいと思ってるヤツがどこにいる？」とあけすけに語る一方、「安倍政権はよくやっている。ほかに代われる人はいない」とも漏らした。安倍の地盤沈下を見て、政権がどっちに転んでも損をしないように立ち位置を探っているかのようだった。

「一寸先は闇」は政界の習わしである。二階のうまいところは先の見えない将来に備え、様々な布石を打っておく周到さにある。８日には石破の依頼を受け、９月の石破派パーティーで講師を務めることを快諾した。この日の記者会見で、石破のことを「将来さらに高みを目指して進んでいただきたいという期待の星の一人」と持ち上げた。こうした二階の動きは、9月末に任期が切れる党役員人事での幹事長続投に向け、「自分を切れば、石破と組む」という安倍へのメッセージとの見方がもっぱらだった。石破は自ら率いる石破派が19人しかおらず、次期総裁選で二階の協力はのどから手が出るほど欲しかった。「自分を利用してくれるなら、それでいい」という覚悟で、二階の思惑を承知のうえで懐に飛び込もうとした。

ライバルたちの策動を目の当たりにして、心中穏やかではなかったのが岸田である。石破とポスト安倍を、二階とは幹事長ポストをそれぞれ争う相手だ。二階と石破の接近に「いろいろな駆け引きの一つだろう。これからいろいろ動きが出てくる。おもしろい」と表向きは平静を装った。

二階は11日、コロナ収束後の社会像をテーマとする議員連盟の会合に出席した。議連を主導する選対委員長の下村博文と幹事長代行の稲田朋美はいずれも安倍の出身派閥・細田派に所属し、ポスト安倍に意欲を見せていた。あいさつに立った二階は「我々も協力するので、思い切って前進するように頑張ってほしい」と激励した。水を得た魚のように動き回る二階に、菅は「二階さんらしいよね。楽しんでやってるんじゃないか」と苦笑した。菅には、石破も接近を試みようとしていた。石破側近の山本有二は菅に「石破と会ってほしい」と打診した。しかし、菅は1月下旬の山本との会食を報じられ、慎重になっていた。利用されることを警戒し、山本の誘いを断り続けた。

安倍抜きで政局が回り始め、盟友の麻生は危機感を募らせた。10日に首相執務室を訪ねると、

「総理、最近明らかにアンテナが鈍ってますよ。判断がおかしい。気づいてますか。今、コロナで食事ができていないから、いろいろな情報が入らなくなってるんですよ」と直言した。夜の会食を約３か月自粛していた安倍にも、思い当たるところがあったようだ。「それを面と向かって言ってくれたのは麻生さんだけです」と応じ、さっそく19日から再開する会食のトップバッターとして麻生を誘った。麻生はその会食に、菅と甘利も加えるよう逆提案した。

安倍、麻生、甘利、菅の４人は、12年12月の第２次安倍内閣発足時、名字のイニシャルから「３Ａ＋Ｓ」と呼ばれた政権の中枢メンバーだ。麻生は安倍が初心に帰ることで、菅との二人三脚による官邸主導を取り戻すことを期待していた。

麻生はこう言って安倍を奮い立たせようとした。

「お互いあっち側（あの世）に行くときは近い。おれのじいさん（吉田茂）と総理のじいさん（岸信介）に、総理を８年やり、国政選挙を６連勝して、衆院の議席を３分の２も取ったのに、憲法改正をしなかったと言えますか」

今国会でも改憲論議は一向に進まず、21年９月の総裁任期満了までの改憲は事実上、不可能となっていた。岸信介は悲願の改憲を達成できず、後を託した池田勇人は就任するや憲法改正を封印した。岸田は池田が創設した宏池会の領袖だ。「歴史は繰り返す」という。改憲したかったら岸田に任せるのではなく、自らの手で成し遂げたらどうか――。麻生の言葉には、そんな含意があった。

麻生は裏目に出てばかりの岸田のコロナ対応を見て、安倍の総裁４選に望みをつないでいた。４選への道を開くには、衆院解散・総選挙で安倍が国民の信を得て、党内の異論を封じる必要がある。内閣支持率がじり貧となり、麻生は一刻も早く信を問うべきだと考えていた。

もっとも、安倍に4選への意欲があったかどうかは、はなはだ疑問だ。長期政権で心身に無理を重ねていることは本人が何より自覚していた。そんな心中を知る側近は「本気で改憲を目指すとしたら任期の1年延長がせいぜい」と推し量っていた。安倍も解散・総選挙が起死回生の一手と分かっていたものの、「次の総裁が解散して、自分で得た議席数で政権運営をすべきだ」とも考えていた。第1次安倍内閣は、小泉純一郎が2005年衆院選の郵政解散で得た大量の議席を引き継いだ。政権が短命に終わったのは、自分の力で勝ち取った議席ではなかったからだという苦い思いが根底にあった。

焦る麻生をよそに、菅は冷静だった。永田町では、麻生の思いを代弁するかのように、「一律10万円の現金給付が国民に行き渡って内閣支持率が上向けば、首相は総選挙に踏み切る」(自民党関係者)との観測が広がっていた。「9月下旬解散・10月25日投開票」という日程まで、まことしやかに駆け巡った。しかし菅は、安倍の4選や任期延長は「総理もそんな気はない」と見切り、コロナ禍のさなかに総選挙などできないと考えていた。

対照的な麻生と菅の見立ては、結果として菅に軍配が上がった。安倍4選の可能性を事実上消し、政局の歯車を大きく動かすきっかけとなる出来事があったためである。

13日午前、安倍は東京・富ヶ谷の私邸を出ると、信濃町の慶応大学病院に向かった。週末の土曜日を利用した人間ドックに、安倍は6時間近くをかけた。検診結果は、安倍にとってショッキングなものだった。「潰瘍性大腸炎の再発の兆候が見られる」。医師から検診後、そう告げられた。

潰瘍性大腸炎は、第1次内閣で安倍を退陣に追い込んだ持病である。大腸の粘膜に炎症などが起き、血便や下痢、腹痛が続く。完治が難しく、国が難病に指定しているほどだ。症状のつらさに、安倍は一時、政界引退も考えたことがある。そんな安倍を救ったのが、09年に承認された新薬「アサコール」だ。ただ、長く使ううちに効き目が薄れ、19年末の時点で服用量は許容量の上限に達していたという。潰瘍性大腸炎は過度なストレスなどが原因とされる。安倍は新型コロナ対応で1月26日から働きづめとなり、気が休まる日はほとんどなかった。支持率低迷も追い打ちとなり、首相として長年酷使してきた体は再び悲鳴を上げていた。

「歴史をまた変えてやろう」と安倍は決意した

6月15日、防衛相の河野は急遽、防衛省内に記者団を集め、こう切り出した。

「山口県と秋田県に配備することで進めてきたイージスアショアでありますが、コストと期間にかんがみて配備のプロセスを停止する」

地上配備型迎撃システム「イージスアショア」の配備候補地の一つ、山口県の陸自むつみ演習場から迎撃ミサイルを発射すると、ブースターが演習場外に落下する恐れがあるためだ。

政府はイージスアショア導入の方針を17年12月に閣議決定し、秋田、山口両県と調整を進めてきた。米政府はソフトウェアを改修すれば、ブースターが演習場外に落下せずに済むと説明していた。ところが20年2月になると、ミサイル本体の改修が必要だと言い出した。ミサイル本体の大幅改修には10年程度かかり、計2000億円の改修費が必要なうえ、防護範囲が3分の1に狭まる見通しとなった。

安倍は16日、官邸で記者団に「地元の皆様にご説明してきた前提が違った以上、これ以上進めるわけにはいかない」とする一方で、「日本を守り抜いていくために必要な措置について、国家安全保障会議においてしっかりと議論していきたい」と付け加えることを忘れなかった。

安倍の目に、イージスアショアの配備停止は、敵基地攻撃能力の議論を前に進める好機と映った。イージスアショアの導入決定時に敵基地攻撃能力の保有を議論した際には、菅が「公明党が絶対受け入れない」と強硬に反対し、立ち消えになっていた。安倍は「新しいミサイルの登場で『盾』だけでは限界がある。『矛』を持たないとダメだ」という問題意識を持っていた。配備停止を決めると、「真剣白刃取りで刀を受けるのは限界がある。打撃力について正面から議論を始める。安倍政権でしかできない。歴史をまた変えてやろう」と決意した。国会閉会翌日（18日）の記者会見で、安全保障政策見直しの議論開始をぶち上げる腹づもりだった。

北方領土交渉に深く関わる今井も安倍を後押しした。ロシアはイージスアショアの日本配備に反対するとともに、返還後の北方領土への米国のミサイル配備を強く懸念していた。今井は日本が敵基地攻撃能力を持てば、安保面での米国依存が薄まり、ロシアが交渉に乗り気になるかもしれないと踏んだ。今井は麻生と同様、安倍のレームダック化を食い止めるために解散・総選挙を画策していた。解散の大義を作り出そうと、「新しい骨太の安全保障政策を世に問う」ことも視野に入れた。

そんな安倍や今井の胸算用は空振りに終わった。東京地検特捜部は18日、前法相で衆院議員の河井克行と妻の案里が19年の参院選広島選挙区で票の取りまとめなどのため地元議員ら94人に計約2570万円を提供したとして、公職選挙法違反（買収）容疑で2人を逮捕した。

安倍はこの日の記者会見の冒頭、「我が党所属であった国会議員が逮捕されたことについては、大変遺憾であります。かつて法務大臣に任命した者として、その責任を痛感しております。国民の皆様に深くおわび申し上げます」と語り、目をつぶりながら深々と頭を下げた。

冒頭発言の締めくくりでは、イージスアショアの配備停止に触れ、「日本を守り抜いていくために、我々は何をなすべきか。安全保障戦略のありようについて、この夏、国家安全保障会議で徹底的に議論し、新しい方向性をしっかりと打ち出し、速やかに実行に移していきたい」と表明した。また、記者からの質問で、敵基地攻撃能力の保有については「我々も受け止めていかなければいけないと考えている。政府においても新たな議論をしていきたい」と踏み込んだ。だが、この発言は、河井夫妻逮捕のニュースにかき消され、安倍は出鼻をくじかれた。

安倍と菅の手打ち式

国会閉会後の永田町では、政局をにらんだ議員同士の腹の探り合いが激しさを増していた。6月17日夜、二階は東京・東麻布の中華料理店「富麗華」で菅と向き合った。2人と気脈を通じる森山と二階側近の林が同席した。

「次の総理はどうか。やるなら応援するよ」。二階はこう菅に水を向けると、菅は「ありがとうございます」と応じた。軽はずみな発言とは無縁の菅は、ポスト安倍への意欲までは明言しなかったという。それでも否定されなかったことで、二階は菅のやる気を感じ取った。

菅に限らず、二階、森山もたたき上げで党人派という共通項があった。安倍と岸田がともに世襲政治家で、東京育ちであるのとは対照的だ。二階は議員秘書から和歌山県議、森山は自営業から鹿児島市議を経て、国政に転じた。菅、二階、森山の3人は今や、官邸、党、国会運営でそれぞれ中枢を担い、強固なスクラムを組んでいた。ポスト安倍に岸田がふさわしくないという思いも共有していた。この頃、菅は「岸田には決断力がない。総理は務まらない」と同僚議員にも公言するようになっていた。3人による事実上の「岸田包囲網」ができあがりつつあった。

安倍も、岸田が自らの後継として務まるのか、思い悩んでいた。19日に官邸を訪れた岸田派事務総長の根本匠に「岸田さんの話し方って、官僚的なところがあるよね。硬い。情念が必要だよ。もっと（思いを）出した方がいいよね」と不満げな様子を見せた。ただ、安倍は概して、味方とみなした人間には甘いところがある。根本には「岸田さんみたいに誠実でまじめな政治家はいない」とも語り、揺れる気持ちをのぞかせた。

19日、自粛が続いていた都道府県をまたぐ移動やイベント開催が解禁となった。プロ野球のセ・パ両リーグは無観客ながらも約3か月遅れでようやく開幕した。社会経済活動の回復が本格化し始めていた。そんな節目の日となった19日の夜、前述の通り麻生が発案した安倍、麻生、菅、甘利による会食が開かれた。新型コロナのせいで外食を自粛していた安倍にとって3か月ぶりとなる夜会合で、このメンバーによる会食は17年7月以来である。

東京・虎ノ門のホテル「アンダーズ東京」51階のレストラン「ザ・タヴァン・グリル&ラウンジ」は、安倍のお気に入りの店だ。4人はグリル料理に舌鼓を打ち、下戸の菅を除く3人はワインを楽しんだ。この席で、麻生は「総理、内閣支持率はこの5、6月が底です。そろそろ手元に現金10万円が届く。そうすると夏にかけて支持率が上がってくる」と安倍を元気づけた。

出席者があえて口にせずとも、安倍と菅の手打ち式の場であることは誰の目にも明らかだった。この日は菅も冗舌なところを見せた。「総理から勧められたサプリメントを飲んだら体調が良くて。1000円のものを勧められて、3000円のものも買ったが、効き目は1000円の方がよかった。総理は2種類のサプリメントを飲んでますよね」と安倍に気安く語りかけた。気の置けないメンバーでの、久々の外食という開放感も手伝ったのだろう。「やっぱりこのメンバーはよかったなあ」。安倍は会食の場で、しみじみとつぶやいた。

新型コロナが一段落し、安倍は21日、富ヶ谷の私邸で終日過ごした。連続執務日数は147日でストップした。毎日新聞などが20日に行った世論調査で内閣支持率は36％（前回より9ポイント増）、共同通信が20〜21日に実施したものは36・7％（2・7ポイント減）で、何とか踏みとどまっていた。安倍はこの日の夜、周辺に「何もないのはいつぶりだろう。5か月ぶりかな」と振り返った。支持率については「やっぱり10万円なんだろう。私の地元も受け取った人がそれなりにいて、『安心した、ありがとう』と言われていると報告を受けたよ。選挙をやれば勝つだろう。過半数には行くけど、減らすから、そこだよね」とも述べた。衆院選で汗をかいたあげく責任問題になれば、やぶ蛇である。健康面の不安も抱える安倍に、解散という名のばくちを打つ気はなかった。

24日、安倍は東京・赤坂の日本料理店「たい家」で二階、林と会食した。安倍の呼びかけで、二階との会食は1月23日以来だった。安倍は一律10万円給付の話を持ち出し「10万円はよかった。幹事長に言ってもらったので、自民党の面目も立ちました」と謝意を伝えた。二階の最大関心事である秋の党役員人事での幹事長続投には言質を与えなかった。

その二階は7月1日に同じ「たい家」で、今度は菅と食事を共にした。菅とは2週間前に会食したばかりだ。しかも、今回は政治評論家の鈴木棟一が同席し、遅れて合流した林は千葉県連幹事長の河上茂を同伴していた。いわば「部外者」も同席する場で、二階は菅に総裁選出馬を促した。ポスト安倍として菅というカードを握っていることを誇示する狙いがあったようだ。

さらに二階は翌2日、ポスト安倍の一人である岸田と、東京・紀尾井町のホテルニューオータニにある料亭「千羽鶴」で会食した。二階と岸田は、秋の党役員人事で幹事長ポストを争うライバルというだけにとどまらない。17年衆院選の山梨2区に続き、次期衆院選の静岡5区でも二階派で無所属の細野豪志と岸田派の吉川赳《たける》が公認を争っていた。会食には岸田派の根本と小野寺五典《いつのり》、二階派の林と江崎鉄磨が同席した。「前途洋々、次を期待する」。二階は締めのあいさつでこう語り、岸田を喜ばせた。二階にとって、この手のリップサービスはお手の物だ。

しかし、岸田は無邪気に喜んでいる場合ではなかった。会食では、二階の幹事長在職日数が9月8日に田中角栄を抜いて歴代最長となるタイミングでお祝いの会を開くことを申し合わせた。この話が党内に広がると、「岸田は自分が幹事長になろうとしているのに、本当にセンスがない」と議員の失笑を買った。

岸田は、二階の機嫌を取ったかと思いきや、直後にちぐはぐな動きを見せた。党外交部会などの役員会は7月3日、香港での国家安全維持法施行を受け、中国国家主席の習近平の国賓来日中止を求める決議案をまとめた。これに二階は「ここまでつないできた先人たちの努力をなんだと思っているんだ」と激怒した。15年に3000人の訪中団を引き連れて習と会談するなど、親中派の代表格でもある。6日の外交部会と外交調査会の合同会議では、約20人が決議案に賛意を示したのに対し、二階派の５人が反対意見を述べた。

調整に乗り出した岸田は7日、二階と向かい合った。同席した林が「中止」の文言削除を主張すると、岸田は「部会の議論では『中止』を求める声が圧倒的に多かった」と返した。最終的に、決議は「中止を要請せざるを得ない」と表現を後退させ、党の総意ではなく、外交部会と外交調査会によるものに格下げとなった。決着後、岸田は「中国には言うべきことは言わないともっとひどいことをやられる。それでも付き合っていくしかない。決議はそういう観点から落としどころを探った」と満足げだった。だが、二階は「中止」の文言が残ったことに不満だった。二階の側近は「政府の外交方針と反することを党の部会が決議しようとしているのに、政調会長が止められないようでは困る」と苦言を呈した。

もたつく岸田を尻目に、菅は着々と足場を固めていた。８日夜には麻生と会食し、ポスト安倍について意見交換した。菅と麻生の距離は近年、ポスト安倍をめぐる立場の違いもあって広がっているとされていた。菅の狙いは、麻生が次期総裁選で岸田を支援するかどうかを見極めることにあった。麻生はその場で、岸田が一律10万円給付であっさり引き下がったことを批判したとされる。麻生周辺は「２人は意気投合した」と明かした。

石破は二階への接近をアピールするため、15日に党本部で会談した。その後、記者団に「９月にうちの政策集団の会でご講演をお願いしている。この間は口頭だったので、正式にお願いに来ました。あとは諸々」と思わせぶりに語った。

「第2波」到来

安倍は潰瘍性大腸炎のことを気にかけつつも、国会閉会で一息つき、症状が改善するのではと期待をかけていた。ところが、下火になっていた新型コロナの感染は7月に入ると再び深刻の度合いを増し、2日には都内で新たに107人が確認された。100人を上回ったのは、緊急事態宣言が発令中だった5月2日（154人）以来、2か月ぶりだった。小池は記者会見で「『感染拡大要警戒』の状況だ」と警鐘を鳴らした。都内の新規感染者は3日に124人、4日に131人と増える一方だった。小池は4日、「不要不急の他県への移動は遠慮いただきたい」と都民に呼びかけた。

感染の「第2波」到来が現実のものとなりつつあった。読売新聞が3〜5日に実施した全国世論調査では、第2波への不安を「大いに感じている」とした人は57％、「多少は感じている」が38％で、計95％に達した。内閣支持率は前回より1ポイント減の39％。3割台は森友・加計学園問題が批判された2018年4月以来だった。

体の不調は覆い隠せなくなっていた。7月6日午前、官邸に入る安倍の姿に、首相番の記者たちは息をのんだ。安倍の髪はボサボサで、まるで寝起きのように乱れていた。その1時間後、都知事選で再選を果たした小池が当選報告で官邸を訪れた。安倍は東京五輪・パラリンピックに触れ、「何としても感染症に打ち勝たなければいけません」と小池に語りかけた。声はかぼそく、見守る記者団が聞き取りに苦労するほどだった。小池との面会後、内閣危機管理監の沖田芳樹らから熊本豪雨について説明を受ける夕方までの5時間余り、安倍は執務室での面会を一切入れなかった。

安倍はこの日、「吐血」していた――。のちに写真週刊誌「ＦＬＡＳＨ」は８月４日発売号で、そう報じた。「嘔吐物の中に血が混じっていた」という情報も流れた。側近は口をそろえて否定したものの、不自然な首相動静は、安倍の身に何らかの異変が起きたことを雄弁に物語っていた。

「Ｇo　Ｔo　トラベル」実施の舞台裏

政府は緊急事態宣言で傷んだ経済を立て直すため、多少の感染拡大に目をつぶってでも、社会経済活動の再開を進めようとしていた。

第1波の時のように、政府と都は再び火花を散らした。菅は7月6日の記者会見で「現時点の感染状況にかんがみて、県をまたいだ移動の自粛を一律に要請するものではない」と小池の移動自粛要請を批判した。

東京都では9日の新規感染者数が２２４人となり、宣言発令中の4月17日（２０６人）を上回って過去最多となった。救いは都内の入院患者が４４１人で、最も多かった5月12日（１４１３人）の３割にとどまっていることだった。医療体制には余力があると見た政府は、10日、５０００人規模のイベントを解禁した。国土交通省は8月開始を目指していた「Ｇo　Ｔo　トラベル」事業を前倒しして7月22日から始めると発表した。23日から26日にかけての4連休前に開始とすることで、利用者を増やす狙いがあった。観光立て直しを目指す菅の強い意向が働いた。菅は7月11日、視察先の北海道白老町で、「22日から始まる総額1兆７０００億円の『Ｇo　Ｔo　キャンペーン』を活用していただきたい」とアピールした。この後、千歳市での講演で、新型コロナについて「圧倒的に東京問題と言っても過言ではないほど、東京中心の問題になっている」と語った。

菅はかねて、東京都がＰＣＲ検査件数やコロナ対応の病床数をまともに把握していないことを苦々しく感じていた。特に、都と23区の保健所の連携不足は菅の目に余った。４月中旬に厚生労働省で開かれた会議では、都が感染者数を報告すると、23区の保健所の担当者が「その数字は間違いです」「忙しすぎて、都に正確な数字を上げられていなかった」と、相次いで訂正した。保健所は地域保健法に基づき、都道府県以外に政令指定都市や23区などにも設置されているが、都は23区の保健所の情報をきちんと吸い上げていなかった。しかし、菅によれば、地元の神奈川県は横浜市などの政令市とうまく情報共有していた。菅は、小池がパフォーマンスにばかり熱心で首長としてやるべきことをやっていないと見た。

けんかにめっぽう強い小池は当然、黙っていなかった。13日、記者団に「圧倒的に検査数が多いのが東京です。それによって陽性者が出て、無症状者もかなり含まれている」と菅に反撃した。さらに「Ｇｏ　Ｔｏ　トラベル」に触れ、「（感染者増加との）整合性を国としてどう取っていくのか。むしろ冷房と暖房の両方をかけることにどう対応していけばいいのか。これは国の問題だ」とかみついた。

菅も一歩も引かず、小池批判を繰り広げた。都は13日時点で、陽性者のうち３６９人を「入院・療養等調整中」としていた。菅は14日の記者会見で「この中には陽性結果の判明後に連絡が取れていない方が含まれ、保健所が宿泊療養の調整などに一定の時間を要する状況にもある」とした。

菅は、都内で軽症者、無症状者向けのホテルが不足していることにも業を煮やしていた。都は一時、軽症者や無症状者向けのホテルを5棟（約1200人分）用意していた。それが、13日以降は八王子市の1棟（約100人分）だけとなった。「感染者が大きく減少したことで楽観的な見方が広がっていた」（都幹部）ため、契約を解除していたのだ。そのせいで、都がホテルに入れない軽症者に入院を勧める事例が出て、病床が圧迫され始めた。

都は15日、４段階で評価する感染状況を最も深刻な「感染が拡大していると思われる」に引き上げた。小池は「感染拡大警報」と書かれたボードを掲げて記者会見し、「Ｇｏ Ｔｏ トラベル」について「現在の感染状況を踏まえますと、実施の時期であるとか、その方法などについては改めてよくお考えいただきたい」と当てこすった。

両者の対立は、全国で上京後に感染が判明する人が相次いだことで構図が変わった。各地の知事からは「（東京への移動や滞在は）大変危険でリスクが高い。不要不急の用事なら慎重に考えてほしい」（茨城県知事の大井川和彦）といった声があがった。

強気で鳴らす菅にも、さすがに迷いが生じた。16日朝、国土交通相の赤羽一嘉に電話し、「このまま実施していいだろうか」とおもむろに切り出した。公明党出身の赤羽にとって、菅の問いかけは渡りに船だった。公明党内では「Ｇｏ Ｔｏ トラベル」への世論の批判に懸念が高まっていた。事業を所管する赤羽は、西村に「大丈夫ですか」と相談できても、旗振り役の菅には言い出せずにいた。この後、安倍や菅、赤羽、西村、今井が協議し、16日の東京の新規感染者が過去最多の280人以上になる見込みであることを踏まえ、東京発着分だけを除外して事業をスタートさせる方針を固めた。赤羽は16日夕、記者団に「東京都を目的としている旅行、また東京都に居住する方の外に出られる旅行を対象から外す」と発表した。

小池は都民に移動自粛を呼びかける自らの発言を逆手に取られ、東京が事業対象から外れたことに不満を爆発させた。この夜、記者団に「国のほうで、よーくご判断されたことかと存じます。一方で国として都民、国民に対しての説明ということが求められるのではないでしょうか」と皮肉たっぷりに語った。

通勤圏や経済圏としての一体性を考慮し、東京、神奈川、千葉、埼玉の1都3県を除外する案もあった。最終的に東京だけを外す流れを作ったのは菅だった。菅によれば、「神奈川は事業に賛成。千葉もそうだった」。菅は神奈川県知事の黒岩祐治、千葉県知事の森田健作とそれぞれ個人的なパイプを持つ。菅は17日の記者会見で、東京を除外した理由を問われると、「感染者数が突出している。全国の感染者の約半分を占める状況を踏まえて、専門家からなる分科会にもご提言いただき、除外することにした」と突き放した。

安倍も「Go　To　トラベルがいざ始まれば、『やってよかった』となるんじゃないか。地方は相当経済が疲弊しているからね。やらないわけにはいかない」と考えていた。ただ、東京除外を判断したのは「私ではなく、官房長官」と漏らした。

「Go　To　トラベル」はその後もドタバタ続きだった。赤羽は17日の記者会見で、割引が受けられなくなった東京発着分の予約者がキャンセルした場合、旅行者が支払うキャンセル料や事業者に生じる損失の補償は「考えていない」と明言した。旅行会社からは「我々を救済するための事業で損をさせるのか」などと不満が噴出し、公明党からも「国が考える必要がある」（政調会長の石田祝稔）といった異論が上がった。

菅と赤羽は週末の18、19日に電話で連絡を取り合い、キャンセルに伴う旅行者や事業者の負担を国が穴埋めする方針に転じた。菅は20日の記者会見で「キャンセル料は会社ごとに様々な形態がある。国土交通省で実態を把握し、業者への働きかけや利用者に迷惑をかけないよう必要な対応を検討していく」と述べた。国交省は21日、予約のキャンセル料を免除することを正式発表した。事業開始を翌日に控え、ぎりぎりのタイミングだった。菅はスピード感を尊ぶあまり、「政策の実現を急ぎすぎ、細部の詰めが甘くなる」（省庁幹部）ことがしばしばある。「政府の方針で迷惑をかけたら、やはり政府の責任で補償をやらざるを得ない」と周囲に反省交じりに語った。

「菅さんは目力が強くなった」

「Ｇｏ Ｔｏ トラベル」は7月22日に始まった。曲折を経ながらも菅の主張通りに事業が実現し、菅は官邸内での発言力を完全に取り戻したとみられた。自民党幹部は「今井らに任せたら失敗が続いたので、総理が官房長官に乗り換え、頼りにするようになった」と解説した。

自信をつけたせいか、菅は新聞のインタビューやテレビ番組への出演を増やしていった。ポスト安倍への意欲については相変わらず慎重な言いぶりに徹した。18日に読売新聞がインタビューした際も「まったく考えていない」「官房長官として総理をしっかり支えてやるべき政策を少しでも実現したい」と述べるにとどめた。

一方で、政権の屋台骨としての強烈な自負心をのぞかせることもあった。19日のフジテレビの番組で官房長官続投について問われると、「安倍政権、やはり私、作った一人ですから、そこは責任を持っていきたい」と言い切った。菅との不仲が取りざたされた今井も「『ＧｏＴｏ』で批判され、菅さんは目力が強くなった。賛否両論なんだから、あれはあれで強いリーダーという感じは出る」と認めた。

安倍も、菅をポスト安倍の有力候補とみていることを公言した。７月２日に行われた月刊誌「Ｈａｎａｄａ」のインタビューで、菅のことを「有力な候補者の一人であることは間違いないと思います」と答えた。安倍はインタビュー後、「ただ、菅総理には菅官房長官がいないという問題がありますが」と発言した。本人としてはオフレコのつもりだった。発売前のゲラをチェックした際にオフレコ部分まで載っていることが分かると、両手で髪をかき上げた。安倍が不機嫌な際にする仕草だった。ポスト安倍としての菅を疑問視していると取られかねないだけに、気にしたようだ。

10日に行われた読売新聞東京本社特別編集委員の橋本五郎による月刊誌「中央公論」のインタビューでは、「国民も次の総理を務める方の情熱を見ている」と語った。名指しこそしなかったが、何かと覇気に欠ける岸田に奮起を促す発言とも読めた。

肝心の体調は復調する兆しは見えなかった。首相補佐官の長谷川は7月下旬、業務報告のため、安倍と面会した。「最近、元気がなくて心配しているんです」と水を向けると、安倍は「なかなか頑張れなくて、すいません」とわびた。安倍が部下である長谷川に面と向かって謝るのは初めてのことだった。意外な言葉に驚いた長谷川は「総理のことを支えるのが我々の仕事なので、そんなことおっしゃらないでください」と気遣った。

安倍の健康状態を逐一把握していた今井はこの時期、「総理はあまり気力がない。政権の終末感を出さないようにしないといけない」と周囲に悩みを打ち明けた。解散・総選挙の話を持ち出しても、安倍は気乗り薄だった。最近の安倍の菅への傾斜ぶりを見て、今井は「総理が退陣したら、次は暫定的に菅政権だろう」と思うようになっていた。

安倍にとってはその後も不運が重なった。23～26日の４連休に山梨県鳴沢村の別荘での静養を検討していたのに、東京都内の感染者増などのあおりで取りやめとなった。代わりに都内でゴルフをしようとしたところ、小池がタイミングを見計らったかのように外出自粛を呼びかけたため、見送らざるを得なくなった。潰瘍性大腸炎を癒やす絶好の機会となるはずが、24日は出邸し、残り３日間は私邸で過ごすはめになった。

長引く体調不良は、様々な形で現れるようになった。官邸で取る昼食は、そうめんや冷やしうどんなど、もっぱら胃腸に負担のかからないメニューが続いた。30日に公邸で行われた安全功労者表彰式で、安倍は金屏風を背にあいさつを読み上げると、表彰者による謝辞を忘れて自席に戻ろうとして、秘書官に制止された。顔色は悪く、官邸に戻る際の足取りも重かった。同日夜、岸田と東京・丸の内のパレスホテル東京に入る日本料理店「和田倉」で食事した。この日を含め、７月に入れた夜会合はわずか６回だった。

対照的に、菅はますます勢いづいていた。同じ30日に収録したCS―TBSの番組では、秋の解散・総選挙の可能性について「総理の専権事項だから私が申し上げるべきではないと思うが」と前置きしつつ、「コロナ問題がこのような状況の中ではなかなか難しいのではないか」と語った。解散先送りは菅の持論とはいえ、安倍の専権事項に踏み込むのは、菅としては珍しいことだ。これまで安倍の影の役割に徹してきた姿とは一線を画す、明らかな変化の兆しだった。

経済回復か感染抑制か

7月末、国内での新型コロナの感染は第2波のピークを迎えようとしていた。新規感染者は29日が1260人、30日は1305人、31日には1579人と、3日連続で過去最多を更新した。31日の東京の感染者数は、前日を96人上回る463人に跳ね上がった。

政府の新型コロナウイルス感染症対策分科会は31日の会合で、感染状況を①感染ゼロ散発②感染漸増③感染急増④感染爆発――の4段階に分け、段階移行時の指標を作る方針を表明した。分科会長の尾身茂は記者会見で「感染爆発段階になってから緊急事態宣言を出しても遅い。緊急事態宣言を出すのであれば、この前に予兆を見つけて行う。悪くなる前に対応することが感染症対策、危機管理の要諦だ」と語った。

指標づくりは西村が持ちかけ、尾身も快諾した。しかし、西村はコロナ対策にとかく前のめりで、官邸への根回しは不十分だった。話を聞いた今井は「総理の選択肢の幅を狭める」と真っ向から反対した。数値に縛られれば、政治判断の余地を失うことを恐れた。菅も指標には冷ややかで、「見てるのは重症者とベッドの数」と素っ気なかった。厚労省の集計では、新型コロナの全国の入院患者は29日時点で4034人。確保している病床数の20%に過ぎなかった。西村があわてて指標づくりにストップをかけようとしても、作業に入っていた尾身らは「それはもう無理な話です」と取り合おうとしなかったという。西村は指標に幅を持たせることで、官邸の了承を何とか取り付けた。独断で先走りしがちな西村の悪い癖が出た。

8月1日、官邸で開かれた連絡会議では、厚労相の加藤が新たなデータを示した。7月27日時点の「東京都全陽性者分析の結果」と題する文書で、緊急事態宣言の解除前と後で比べると、陽性診断の届け出受理から療養終了までの日数が18・６日から６・４日と大幅に改善していた。データ公開を求める出席者に、加藤が「東京都のデータだから国が勝手に出せない」と渋ると、菅は「出してください」とすごんだ。新型コロナを過度に恐れる必要はないと国民に知らしめるためだった。

第１波をはるかに上回る新規感染者が出ても、官邸は緊急事態宣言を再び発令する気はなかった。そもそも第１波と第２波では、深刻度が全く異なるとの見立てだった。安倍はこの日、周辺に「経済は止められないよ。そもそも、重症者は減っている。重症者と死者の数字。これで見なければダメだ。感染者数を追っても意味ないんだから、そこは世の中も認識を変えてもらわないと」といら立ちを見せた。再発令すれば、経済が打撃を受けるだけではない。感染封じ込めの失敗を公式に認めることになり、政権批判は手が付けられなくなる。

政府内では、経済回復を優先する菅と、感染抑制に軸足を置く西村のスタンスの違いが表面化した。菅は２日のＮＨＫ番組で「感染防止策と社会経済活動の両立をしていかなければ、国民生活そのものが立ちゆかなくなってしまう」と訴えた。観光業界で働く約９００万人は「まさに瀕死の状態」だとして、「Ｇｏ Ｔｏ トラベル」の活用を国民に呼びかけた。一方の西村は同じ日の記者会見で「県をまたぐ移動は国として一律に控えてくださいと言っているわけではない」と前置きした上で、お盆期間中の帰省についてこう語った。「無症状の若い人あるいは子どもから、お年寄りに感染が広がる可能性もある。実家に帰るとなるとお年寄り、高齢者のおじいちゃん、おばあちゃんがおられるケースがあるので、慎重に考えないといけないんじゃないか」。菅との温度差は歴然としていた。

土気色の顔、うつろな表情

安倍の変調は永田町で「公然の秘密」となり、「歩くスピードが遅い」「顔色が悪い」と様々にささやかれていた。

安倍は8月3日、それまで愛用してきた布マスクに代え、大きめの布マスクを着けて官邸に姿を現した。記者団に理由を問われると、「現在、お店でもいろんなマスクが手に入るようになりました」と、うつろな表情で答えた。小ぶりな「アベノマスク」では顔色の悪さを隠せないため、大ぶりなマスクに切り替えたのでは、との臆測も流れた。

菅は4日の記者会見で、週刊誌による安倍の「吐血」報道を問われ、「私、(安倍とは)連日お会いします。淡々と職務に専念をしている。全く問題ない」ときっぱり否定した。そんな菅の発言が白々しいとしか感じられないほど、安倍の体調不良は誰が見ても明らかだった。6日、安倍は広島市の平和記念公園で行われた平和記念式典(原爆死没者慰霊式・平和祈念式)に出席した。曇り空の下とはいえ、真夏の屋外に1時間近くもとどまるのは、弱った安倍の体には相当こたえたはずだった。

式典後、リーガロイヤルホテル広島に移り、記者会見に臨んだ。国会閉会翌日の6月18日以来、実に49日ぶりの記者会見だった。マスクを外した安倍の顔は土気色で、目に力がなかった。約15分の会見のうち、約8分を新型コロナに関する発言に費やした。「新規感染者数が増加し、人数だけをみれば4月の緊急事態宣言の時を超えている状況ではありますが、現状はそのときの状況とは大きく異なっております」と切り出し、死者数や重症者数が「大幅に抑えられている」と訴えた。感染者数が増えているのはPCR検査能力が1日5万件まで向上し、無症状者も検査を受けるようになったためだとして、「直ちに緊急事態宣言を出すような状況ではない」と強調した。

新型コロナ対応では言葉を尽くしたわりに、秋の内閣改造・党役員人事については「人事の話はまだ先」と素っ気なかった。実際のところ、安倍は人事に思いを巡らせる余裕などなかった。今井ですら「居抜きじゃないかというくらい総理から何も聞かない」という状況だった。

広島滞在中、名物のお好み焼きをおかわりし、側近に「これなら大丈夫かな」と思わせる場面もあった。だが、8月に入ってから、安倍の体調は坂を転げ落ちるように悪化していた。翌7日、麻生は閣議後、安倍と首相執務室で向き合った。広島での安倍の様子をテレビで見た麻生は「顔に覇気がないですよ。休みを取られたらどうですか」と進言した。これに安倍が応じることはなかった。この日の感染者数は1606人に達し、7月31日(1579人)を上回って過去最多を更新し、第2波のピークを記録した。安倍にすれば、ゆっくり休む気になるはずもなかった。

7日の新型コロナウイルス感染症対策分科会は、4段階の感染状況のどれに当てはまるかを判断するための指標を正式決定した。指標は「病床の逼迫具合」「療養者数」「PCR検査の陽性率」「新規感染者の報告数」「直近1週間と前週の感染者数の比較」「感染経路が不明な感染者の割合」の6項目とした。官邸の意向を踏まえ、指標は「あくまで目安」とされた。

安倍は9日、長崎市の平和公園を訪れ、長崎原爆犠牲者慰霊平和祈念式典に出席した。1泊した広島訪問とは違い、日帰りの長崎訪問は体力的にきつい。青空の下での式典は真夏の暑さの中で行われた。安倍は式典後の記者会見で「リーマン・ショック時には100万人を超える失業者が発生しており、雇用や暮らしに与える影響を考えれば、感染をコントロールしながら、できる限り再宣言を避けるための取り組みを進めていかなければならない」と述べた。

感染拡大の中で社会経済活動を重視する政府の姿勢は、国民にはなかなか理解が得られなかった。読売新聞社が7～9日に実施した全国世論調査では、政府の新型コロナ対応を「評価しない」が66％（前回48％）に急増した。安倍が新型コロナ対応で指導力を発揮していると思わない人は78％に上り、散々だった。内閣支持率は37％で前回調査（7月3～5日）の39％からほぼ横ばいだったものの、不支持率は54％（前回52％）となり、第2次安倍内閣発足以降で最悪となった。この結果に、安倍は「厳しいけど、こればっかりはしょうがない。感染がこういう状況だから」と肩を落とした。

この頃、安倍は潰瘍性大腸炎のせいで下痢が止まらず、深刻な状態に陥っていた。第1次内閣の末期にも見られた症状である。お盆の地元・山口への帰省と山梨の別荘での静養は、体調や新型コロナの状況を踏まえて見送りとなった。10日に東京・六本木のホテル内にあるフィットネスクラブを久々に訪れた際、「病気を治療していたのではないか」と見る向きもあった。

12日、安倍は午後1時過ぎに官邸に入った。その足取りは重く、表情に生気がなかった。安倍は、原爆投下による「黒い雨」を巡る訴訟で国が控訴したことについてコメントするため、足を止めた。「広島県、広島市、そして被爆者の皆様からのご要望等も踏まえまして、黒い雨地域の拡大もですね、視野に入れて、検証していきたいと思います」。安倍の声はマスクを外しても、か細く、かすれて途切れがちだった。ぶら下がりを終え、エレベーターに向かう際には、壁に手をついた。

この後、盟友の甘利が首相執務室を訪れた。甘利は安倍の顔色があまりに悪いことに目を見張り、「とにかく休んでください。寝ることですよ」と助言した。甘利は執務室を出ると、これ以上の負担をかけまいと、今井に「もう追加の面会日程を入れないでくれ」と話しかけた。今井は「『休んでください』といっても休まないんです」と返し、言い合いのようになった。

安倍とは対照的に、菅は精力的に動いていた。12日には群馬県みなかみ町の須田貝ダムを視察した。菅は19年秋の台風被害を受け、国が管理するダムの運用を見直し、発電などに使う利水ダムを治水にも使って洪水被害を防ぐよう、国交省や農水省などに号令をかけていた。この運用見直しで、大雨時に活用できる貯水量を全有効貯水量（約１５０億立方メートル）の約３割から約６割に倍増させた。菅は視察後、「須田貝ダムは洪水対策のためにまったく今日まで使われてこなかったが、縦割り行政を見直し、須田貝ダムの約９割の水量、東京ドームに例えると16個分が事前放流できることになった」と胸を張った。

一方、安倍の体調は13、14日あたりがどん底だった。両日とも午前中は私邸で過ごし、午後には体にむち打って出邸した。しかし、コロナの状況に関する報告を受けた際には、表情がうつろで、心ここにあらずといった風だった。この時期に面会した一人は安倍の「張り付いたような表情」に目を奪われた。そんな顔の安倍は、かつて見たことがなかったという。

安倍は終戦記念日の15日、東京・三番町の千鳥ヶ淵戦没者墓苑で献花し、東京・北の丸公園の日本武道館で行われた全国戦没者追悼式に参列した。式典に臨む安倍の顔色は、相変わらず黒ずんでいた。私邸に戻った安倍のもとを麻生が訪ねた。麻生は安倍の体調を心配する杉田から「総理に休むように言っても聞かないから、麻生さんから言ってください」と頼まれていた。麻生は安倍に「総理、検査入院とでも言って休めばいいんですよ」と忠告した。麻生の言を受け入れ、安倍は翌16日から3日間、出邸を見合わせた。

辞めるべきか、踏みとどまるべきか

安倍が慶応大病院に向かったのは、麻生と会った翌々日の8月17日のことだ。紺のジャケットにグレーのスラックス姿で病院に向かう車内では、今井が寄り添った。首相秘書官の一人は報道陣の問い合わせに「ここのところ休暇もほとんどなく、夏期休暇を利用して休み明けの体調管理に万全を期すため、日帰り検診を受けています」と回答した。病院の事務局は「6月の人間ドックの追加検査」と記者団に説明した。

安倍の病院滞在は7時間半に及んだ。6月の検査は6時間弱だった。追加検査と言うには、異様なまでの所要時間である。安倍はこの時、新たな治療薬「レミケード」の投与を受けていた。レミケードは、1回の点滴で2～3時間程度かかる。そのため、滞在時間も長引くことになった。

レミケードは最新技術を駆使して開発された「生物学的製剤」と呼ばれる薬で、中等症から重症の潰瘍性大腸炎の治療に使われる。投与は、既存の治療では効果が不十分な場合に限られる。安倍はこれまでのアサコールとステロイドの投与では、十分な効き目が得られなくなっていた。治療後、安倍は私邸に帰った。記者団に「体調はいかがですか」と問いかけられても、

「お疲れさま」と答えただけだった。

安倍の様子は、第1次内閣の投げ出し辞任をほうふつとさせ、政府・与党幹部は一斉に火消しに当たった。二階は周辺に「心配いりません」と断言し、「ゆっくりした方がいい。想像を絶するような緊張感のもとで仕事をしているわけでしょ。手の上げ下げから、舌を出したとか出さないとかみんな見られている」と安倍を気遣った。麻生は財務省で記者団に「147日間休まず連続働いたら、普通だったらおかしくなるんじゃないの」とかばった。側近で幹事長代行の稲田は「病気自体はなかなか厄介な病気ではあろうかと思う。ただ、命に別条がある病気でもないし、ちゃんと治療すればますます活躍をされる」と記者団に語った。

岸田は17日、BS日テレの「深層NEWS」で安倍の体調が急変した時の覚悟を問われると、「政治の世界、何が起こるかわからない。こういった緊張感は絶えず持っておかなければいけない」と語った。アベノミクスについては「大きな成果も上げた」と評価しつつ、「地方にも成長の果実がまだ届いていない。結果として格差が生じてしまっている」と疑問を呈した。

菅も翌18日、深層NEWSに出演した。安倍に「もう少し休んだ方がいいんじゃないか」と伝えていることを明かした上で、「コロナ禍の現状の中で、どうしても出てきて陣頭指揮に当たりたいという思いはすごく強い」と安倍の心中を代弁した。菅は、アベノミクスが格差を生んだとする岸田の指摘に「全くない。アベノミクスは日本の経済をよみがえらせた」と不快そうに反論した。

安倍は3日休んだ後の19日午後から執務に復帰した。官邸に入る足取りはしっかりしていた。記者団から体調のことを問われると、「体調管理に万全を期すためにおととい検査を受けました。これから再び仕事に復帰してがんばっていきたいと思います」と笑みを浮かべながら語った。

この日、側近で文科相の萩生田が首相執務室に入った。萩生田は面会後、「『率直に言ってちょっとお疲れになってるんじゃないか。本当は夏休みを取った方がいいんじゃないか』と声をかけたんですけど、『責任を持ってしっかり陣頭指揮を執りたい』という意思を示されていました」と記者団に語った。

それは、ただの空元気だった。実際のやりとりは、それだけではなかった。安倍は萩生田に持病の状態が深刻なことを伝えていた。「仮に症状が出てしまえば国会対応どころではなくなってしまう大変な病気なんだ。13年前の病気が政権交代につながったから、同じ轍を踏むわけにはいかない」。安倍はこの時点で、事と次第によっては退陣もありうるとの覚悟を固めていた。

辞めるべきか、踏みとどまるべきか。この時期の安倍の心は、本人の言葉を借りれば「ずっと行ったり来たり」の状態で揺れ続けていた。何と言っても、初めて試したレミケードの効き目が分からなかったことが不安を大きくしていた。「結果が出るまで1週間から10日かかる。効く人もいるし、効かない人もいる」。安倍は長谷川に悩ましい現状を打ち明けていた。

抜き差しならない病状が続くほど、かつての投げ出し退陣の悪夢が繰り返し脳裏によみがえり、安倍の心は折れかかっていた。今井に「このままでは第1次内閣のときと同じだ」と弱音を吐いた。今井が「コロナにある程度道筋をつけないと、やめられないでしょう」と励ましても、安倍の反応は鈍かった。

海の向こうにも安倍を力づけようとする男がいた。米大統領のトランプである。「シンゾウを励ましたい」とのトランプの意向を受け、ホワイトハウスは電話会談の日程を調整しようとした。これに対し、安倍が出した結論は「先送り」だった。安倍は自分の殻に閉じこもり、ひとり悩み抜いていた。

悪夢のシナリオ

安倍は8月24日、連続在職日数で佐藤栄作を抜いて歴代単独1位となった。第1次内閣を含む通算の在職日数では、19年11月に明治・大正期の桂太郎を超えて憲政史上最長となっており（75頁参照）、連続と通算の双方で金字塔を打ち立てた。

それなのに、官邸内は祝賀ムードとはほど遠かった。安倍はこの日の午前に私邸から出ると、またしても慶応大病院に入った。首相秘書官の一人は「先週の受診時に医師から1週間後にまた来るよう言われており、受診は前回の続き」と記者団に説明した。この時も今井が付き添い、病院で4時間近く過ごした。再び点滴でレミケードの投与を受けた。

幸い検査結果は、病状を示す数値が改善していた。レミケードが効いていることが分かり、安心した今井は官邸に向かう車中で「これなら大丈夫ですね」と安倍に語りかけた。これに対し、安倍の心情はむしろ正反対だった。今後も治療が続く以上、このまま首相の座にとどまることは難しいと腹を固めていた。

安倍は官邸に到着すると、記者団に「政治においてはその職に何日間在職したかではなくて、何を成し遂げたかが問われるんだろうと思います。この7年8か月、国民の皆様にお約束した政策を実行するため、結果を出すために一日一日、日々全身全霊を傾けてまいりました」と語った。自らの体のことについては「今日は先週の検査の結果を詳しくおうかがいをし、追加的な検査を行いました。体調管理に万全を期して、これからまた仕事を頑張りたいと思います」と答えた。

その言葉とは裏腹に、安倍は28日に退陣表明の記者会見を開くと決断していた。

今井の言葉通り、体調は上向いていた。レミケードが効いてからは、あっさりしたメニュー続きだった昼食にも変化が現れた。安倍は香辛料の利いたカレーをペロリと平らげ、同席者を驚かせたこともある。しかし、来たる9月には内閣改造と党役員人事を控えていたうえ、臨時国会も召集予定だった。安倍にとってのトラウマである第1次内閣での退陣表明は、参院選惨敗を経て内閣改造を行い、臨時国会を召集した直後だった。所信表明演説で「全身全霊をかけて首相の職責を果たしていく」と語ってから、わずか2日後に退陣表明して批判を浴びた。

潰瘍性大腸炎の軽重を判断するうえで最も一般的な手がかりは、炎症の指標（CRP）である。健常者であれば数値は0・2以下となる。第1次内閣で退陣した時は1・0程度だったとされる。その数値が、今回は3・3まで上昇していた。いくらレミケードで体調が回復しつつあると言っても、安倍には不安が残った。

いざ人事に手を付けて臨時国会が始まった後、野党の追及にさらされたストレスで数値が再び悪化し、国会で立ち往生する——。そんな悪夢のシナリオも十分考えられた。安倍は期せずして、第1次内閣の末期と驚くほど似通った境遇に追い込まれつつあった。しかも連続在職日数で単独1位という最後のレガシーを打ち立てたことで、首相の座にこだわる気持ちは、もはや消えてなくなっていた。

安倍の退陣表明のお膳立てに動いたのは今井だった。安倍の決断が揺るがないと見てからは、最後の花道を飾るための戦略を練った。体調不良で辞めるという構図自体は第１次内閣の時と変わらない。首相を降りた後も政治的な影響力を残すには、「投げ出し」批判の再燃は何としても避けなければならなかった。西村には安倍の意向を伏せたまま、28日の記者会見に合わせてコロナの「政策パッケージ」をまとめるよう指示が飛んだ。新型コロナ対応に一定のめどを付けたうえで首相の座を退くという体裁を整えるためだった。

25日の閣議では、麻生が「総理、何か顔色がよくなって、悪いのがなくなったみたいじゃないですか」とにこやかに安倍に声をかけ、安倍が笑顔を見せる一幕もあった。安倍は退陣のことは麻生に相談していなかった。話をすれば引き留められることは分かりきっていたからだ。一方、安倍と毎日のように顔を合わせる菅は、安倍が退陣の意向を固めたことをうすうす勘づいていた。

退陣表明前日の27日の昼食は今井や長谷川、首相秘書官らが同席した。安倍を支えてきたいつものメンバーだった。すでに腹をくくっていた安倍は吹っ切れたせいか、陽気に振る舞った。ちょうど一同が見ていたNHK番組では、パラグアイの昼食事情が取り上げられていた。そうめんをすする安倍は18年に日本の首相として初訪問したパラグアイで、ナマズ料理が口に合わなかったことを笑って振り返った。首相秘書官の一人が中東訪問時に「ラクダの目玉が出てきて驚きましたよね」と話を振ると、安倍は「アラブの王様は食べないからいいけど、パラグアイのときは大統領が食べちゃうんだよな」と思い出話に花を咲かせた。

安倍が退陣表明前日の27日までに辞任の考えを明かしたのは、今井や長谷川ら、ごく一握りの側近だけだ。27日夕からは電話にも出ようとしなかった。麻生からの電話すら取らなかった。「強く慰留され、決断が鈍ることを警戒したんだろう」。首相周辺はそう振り返った。

28日の段取りは、午前10時に閣議、午後1時にコロナの政策パッケージを決定する政府対策本部、午後5時に記者会見と決まった。コロナの感染拡大以降、記者会見は大体、政府対策本部の直前か直後に行われていた。4時間もの間を置くことはこれまでにはなかったことである。

二階の目から涙がぼろぼろとこぼれ落ちた

安倍は8月28日午前9時40分頃に私邸を出ると、青のネクタイに濃紺のスーツ姿で官邸に入った。しっかりした足取りで、記者団が声をかけると、「おはよう」と右手をあげて応じた。

閣議終了後、麻生は財務次官の太田充らとともに首相執務室に入った。その後、太田らを外して安倍と麻生の2人きりになると、安倍は潰瘍性大腸炎の治療には時間がかかることを説明し、退陣表明することを伝えた。すべての段取りが決まってから知らされた麻生は、最終的に受け入れるしかなかった。執務室を出る際、「お疲れさまでした」と頭を下げると、安倍は「いや、まだ次の総裁を選出するまでは僕が総理だから」と笑顔を見せた。

麻生が官邸を後にした頃、菅は定例の記者会見に臨んだ。安倍の体調について聞かれても、「総理自ら、これからまた仕事に頑張りたいとおっしゃっており、私が毎日お目にかかっているが、お変わりがない様子だ」と空とぼけた。安倍が辞意表明するとの臆測が飛んでいることを問われると、「先ほど、私、申し上げた通りです」とだけ答えた。菅はこの後、安倍に呼ばれ、首相執務室に入った。辞意を伝える安倍に、菅が異を唱えることはなかった。悩み抜いたあげくの決断であることは菅自身、よく分かっていた。

午後1時過ぎ、新型コロナウイルス感染症対策本部が開かれた。インフルエンザ流行期を見据え、ワクチンの確保や検査体制の拡充などを柱とする政策パッケージを取りまとめ、新たな水際対策も決めた。安倍は締めくくりのあいさつで「感染の拡大をできる限り抑えながら、社会経済活動との両立を図っていくため、事業者や地方自治体とも連携して、これらの対策に引き続き、全力であたってください」と閣僚らに指示した。

安倍は対策本部を終えると、菅に加え、西村明宏、岡田直樹、杉田の3官房副長官を呼び、辞意を伝えた。西村や岡田は驚き、慰留の声を上げたが、時すでに遅しだった。その後、安倍は首相秘書官を集めて、同じ説明を繰り返した。

官邸を出た後、自民党本部に向かった。午後2時過ぎに総裁室に入ると、まず二階と林を招き入れ、その後に森山を呼んだ。報道各社は相次いで「安倍退陣」という歴史的ニュースの速報を打ち始めていた。

午後3時、自民党の臨時役員会が開かれた。二階、総務会長の鈴木俊一、選対委員長の下村博文らを前に、安倍はサバサバした表情でこう説明した。「潰瘍性大腸炎が再発し、新しい治療に取り組んでいたということで、治療の効果が出ているが、一定期間治療を続ける必要がある。その間、悪化するリスクがあるということで、前の政権の時のように、突然辞任して迷惑をかけるということがあってはいけないので、辞任の決断をした。今日のコロナ対策本部で新たな秋冬を視野に入れたコロナ対応をとりまとめた。その意味で一つの区切りがついた」。その上で「総裁選出については幹事長に一任することにしたい。新総裁が選出されるまでの間は、最後までしっかり務めたい」と締めくくった。

安倍が発言を終えても、司会役の二階は押し黙ったままだった。二階の目からは涙がぼろぼろとこぼれていた。「本当に……、お世話になりました」と二階が声を絞り出すと、居並ぶ党幹部がもらい泣きした。

この場に、岸田の姿はなかった。この日は講演会のため、新潟に出張中だった。講演のさなかに安倍の辞任が速報された。それを知らない岸田は「来年までには自民党の総裁選挙がある。私もぜひ挑戦したいと思っているが、ただここから先は昨今、総理の健康問題も大きく取りざたされている中なので、なかなか見通すのは難しい」と、ピント外れの発言をした。

岸田は講演後、党役員会の直前に安倍から電話で辞任を伝えられ、慌てて東京に戻った。岸田の出張は、政局観のなさを丸出しにするだけの結果に終わった。

党役員会を終えた安倍は国会に向かい、公明党代表の山口と面会した。午後4時過ぎの臨時閣議で新型コロナのワクチン確保の方針が了解され、安倍はその後の閣僚懇談会で全閣僚に退陣の意向を伝えた。13年前の突然の退陣表明で混乱を招いたことを教訓に、今回は手順をしっかりと踏んでいた。政府対策本部から記者会見までの「空白の4時間」は、事前には表に出せない退陣表明の手続きのためのものだった。

午後5時、安倍は官邸の記者会見室に姿を現すと、まず、新型コロナ対策から切り出した。「1月から正体不明の敵と悪戦苦闘する中、少しでも感染を抑え、極力重症化を防ぎ、そして国民の命を守るため、その時々の知見の中で、最善の努力を重ねてきたつもりであります」としっかりした口調で語り、決定したばかりの政策パッケージを説明した。実現に執念を燃やしていた敵基地攻撃能力の保有も取り上げた。「一昨日の国家安全保障会議では、現下の厳しい安全保障環境を踏まえ、ミサイル阻止に関する安全保障政策の新たな方針を協議いたしました」と述べた。

「以上二つのことを国民の皆さまにご報告させていただいた上で、私自身の健康上の問題についてお話させていただきたいと思います」

安倍はこう語ると、手元の紙に時折、目を落としながら説明した。

「13年前、私の持病である潰瘍性大腸炎が悪化をし、わずか1年で突然、総理の職を辞することになり、国民の皆様には大変なご迷惑をおかけしました。その後幸い、新しい薬が効いて体調は万全となり、そして国民の皆様からご支持をいただき、再び総理大臣の重責を担うこととなりました。この8年近くの間、しっかりと持病をコントロールしながら、何ら支障なく総理大臣の仕事に毎日、日々、全力投球することができました。しかし6月の定期検診で、再発の兆候が見られると指摘を受けました。その後も薬を使いながら全力で職務にあたって参りましたが、先月中頃から体調に異変が生じ、体力をかなり消耗する状況となりました。そして8月上旬には潰瘍性大腸炎の再発が確認されました。今後の治療として、現在の薬に加えまして、さらに新しい薬の投与を行うことといたしました。今週初めの再検診においては、投薬の効果があるということは確認されたものの、この投薬はある程度継続的な処方が必要であり、予断は許しません。政治において最も重要なことは、結果を出すことである。私は政権発足以来、そう申し上げて、この7年8か月、結果を出すために全身全霊を傾けて参りました」

ここまで語ると、安倍は一瞬言葉を詰まらせ、目を潤ませながらこう続けた。

「病気と治療を抱え、体力が万全ではないという苦痛の中、大切な政治判断を誤ること、結果を出せないことがあってはなりません。国民の皆様の負託に、自信を持って応えられる状態でなくなった以上、総理大臣の地位にあり続けるべきではないと判断いたしました。総理大臣の職を辞することといたします」

悩みに悩みましたが、この足元において7月以降の感染拡大が減少傾向へと転じたこと、そして冬を見据えて実施すべき対応策を取りまとめることができたことから、新体制に移行するのであればこのタイミングしかないと判断しました」と吐露した。そして「コロナ禍の中、職を辞することとなったことについて、国民の皆様に心より、心よりお詫びを申し上げます」と頭を下げた。

冒頭発言を終えた安倍に、記者から質問が浴びせられた。政権「投げ出し」批判についての問いに「ご批判は、まさに任期途中でありますから、甘んじて受けなければならない」と認める一方で、コロナの対策パッケージをまとめたとして「このタイミングしかないと、そう判断をした」と理解を求めた。意中の後継者については「誰がということも、私が申し上げることではない」と口を閉ざした。

1時間に及ぶ記者会見を終えると安倍は頭を深く下げ、会見室を後にした。官邸の去り際、記者団から「悔いはありませんか」と声をかけられると、深くうなずいた。憲政史上、最長在職日数の宰相として名を刻んだ安倍の顔に、笑みが浮かぶことはなかった。

20分の密談

安倍の退陣表明が引き金となり、ポスト安倍レースの号砲が鳴った。首相交代という久々の政局に、自民党内は色めき立った。

岸田は８月28日夕、安倍の退陣表明会見が続く中で岸田派の緊急在京議員懇談会を開き、対応を協議した。終了後、記者団に「引き続き政治の責任を果たしていく。次の時代を担うべく、みんなで努力をしていく。こういった気持ちは変わらない」と語り、総裁選出馬への意欲をにじませた。禅譲路線を取る岸田はこの後、官邸に足を運んで安倍にねぎらいの言葉をかけ、安倍との近さをさっそくアピールした。

問題は、この日の夜に起きた。東京・紀尾井町のホテルニューオータニの日本料理店で岸田派の幹部会が開かれた。岸田が到着した時、その場に宏池会前会長の古賀誠も座っていた。古賀は岸田に「しっかりがんばれよ」と激励し、幹部らに「みんなが支えてやらなきゃいけない」と声をかけた。古賀は、ともに福岡を地盤とする麻生と長らく敵対関係にある。岸田はこれまで、麻生から「古賀との関係を切れ」と迫られていた。幹部会に古賀が顔を出したことは、すぐに麻生の耳に伝わった。麻生が面白いはずはない。安倍の出身派閥である細田派、麻生派、岸田派の３派連合で多数派を形成するという岸田の戦略は、出だしからつまずいた。

一方、石破は安倍が記者会見を終えると、記者団に「20人の推薦というものがあったとすれば、それはやらねばならないということではないか。そう遅くない時期に判断したい」と事実上の出馬宣言を行った。この日から翌29日未明にかけて計７本のテレビ番組に出演し、知名度の高さを生かす空中戦に打って出た。

石破は、総裁選の選出方法がどうなるかに神経をとがらせた。二階は28日、「時間に十分なゆとりがあれば党員投票ということは考えるべきだが、そこに至るかどうか」と述べ、両院議員総会で選ぶ考えをにじませていた。自民党の党則などでは、総裁選は総裁公選規程に基づく党員投票を行い、同数の「党員票」と「国会議員票」の合計で争うのが原則だ。「特に緊急を要するとき」には、党大会に代わる両院議員総会で選ぶこともできる。この場合、党所属国会議員394人と47都道府県連の代表者各3人（141人）の計535人の投票で争われる。党員票の比重が下がるため、党員人気が頼りの石破には不利になる。

岸田、石破が安倍の退陣表明の日から活発に動いたのに対し、菅は静観を保った。この夜、財界人との会合などをこなした後、赤坂の議員宿舎に戻った。周辺に安倍から後継指名があったか問われると、「言われていない」ときっぱり否定した。

その言葉とは裏腹に、菅は退陣表明前の安倍から「総裁選をどう考えているの？」と腹を探られ、後継に期待されているという感触をつかんでいた。むざむざ岸田に花を持たせるくらいなら、自分が手を挙げる――。菅は総裁選出馬を決意していた。

29日、菅は1本の電話をかけた。相手は日頃から気脈を通じる森山である。「幹事長に会いたいから、時間を取ってもらいたい」。菅は、そう言付けた。

二階は森山、林とともにこの夜、赤坂のANAインターコンチネンタルホテル東京の寿司屋で食事をした後、同じ車で赤坂宿舎に入った。宿舎2階の会議室で、菅と落ち合うためだった。4人は部屋の冷蔵庫からペットボトルのお茶を取り出し、話を始めた。

「やる気はあるのか」。本題に入ると、二階は菅に総裁選への意欲をただした。菅は単刀直入に返した。「安倍総理が辞任を表明されたので、安倍政治を継承していくために私も頑張ってみたい」。これを聞いた二階は「あなたが頑張るのが一番良い」と快諾した。森山や林が「総裁選は速やかにやった方がいい。安倍さんも早く次の内閣に、と言っている」「臨時国会も早く開いた方がいい」と口を挟むと、菅は「(総裁選の方式などが、9月)1日の総務会で決まってから出馬表明します」と答えた。林が「きょうから動いた方がいい。こういうのは早い方がいいんだ」と忠告し、菅も「そうですね」と応じた。4人の密談は、20分ほどで終わった。

菅が二階を頼るのは、自然な流れだった。

二階派以外の各派閥は当初、様子見の構えを貫いていた。最大派閥の細田派で会長を務める細田博之は29日、地元・松江市で記者団に「我々は安倍総理を支えてきたグループだから、総理の思いを十分に考えて、今後の行動は統一して考えていく」と語った。その安倍は自らの健康問題で退陣しただけに、表立って動けなかった。派内では、下村が「同志とよく相談したい」と出馬に意欲をにじませ、幹事長代行の稲田も「チャンスがあれば女性でも総理を目指すことが日本にとっても必要だ」とやる気だった。ただ、いずれも決め手に欠け、派が一致して推せる状況にはなかった。

第2派閥の麻生派には、かねて総裁への意欲を口にしてきた河野がいた。麻生は河野の擁立は時期尚早とみて、「いずれ必ず総理になるときがくるから、今回はやめておけ」と河野に自重を求めていた。麻生は期待をかけていた岸田が頼りないうえに、古賀との関係を清算できていないことにいら立ち、この際、菅でもいいとの判断に傾いていた。だが、麻生の基本戦略は安倍と足並みをそろえ、ポスト安倍で勝ち馬に乗ることにある。麻生が安倍につきあって積極的な動きを手控える中、菅とのパイプを作ってきた二階は、派閥領袖として自由に動ける絶好のポジションにいた。

「1対1だと石破が岸田に勝つ」

二階の政局観は、さえにさえていた。菅が二階に出馬の意向を伝えたことは、早くも翌日の8月30日に報じられた。二階側のリークだった。ここが勝負所とみた二階は、先陣を切って菅総裁選出の流れを作ろうとしていた。

二階はこの日の午後、党本部で二階派幹部の元官房長官・河村建夫、林、国家公安委員長の武田良太と会談し、菅からの支援要請を伝え、支持する意向を明らかにした。わざわざ表の場でやることで、「菅カード」を手中に収めていることを党内に知らしめる狙いがあった。会談を終えた河村は記者団に「安倍政権があと1年残した段階で、いろんな懸案事項等、菅長官がすべて承知していることだから、一つの流れとしては、むしろ菅長官に責任があるのではないか」と菅支持を明言した。さらに「政権の継承も含めて、それはそれで残りの期間、菅色を出して、今の現状、しっかり受け止めてやっていただければ」とあけすけに語った。

この時点で、党内には菅を支える勢力として二階派47人に加え、無派閥で「菅系」とされる中堅・若手議員を中心とする約30人がおり、すでに岸田派の47人、石破派の19人を大きく上回っていた。勝敗のカギは、残る細田派（98人）、麻生派、竹下派（各54人）の3派が握ることになった。

安倍の考えはシンプルだった。「石破の総裁就任は避ける」という一点に尽きた。安倍と石破の因縁は根深い。07年8月、第1次安倍内閣が参院選で惨敗した直後の代議士会で、石破は安倍に面と向かって「反省の言葉」を迫った。12年9月の総裁選では、党員票で石破がトップに立ち、国会議員による決選投票で安倍が総裁に返り咲いた。安倍が石破を幹事長に起用し、関係が持ち直したのは一時のことだった。14年9月の内閣改造・党役員人事では、幹事長続投の希望を公言する石破に、安倍は不満を募らせた。石破は、安倍が打診した安全保障関連法制の担当相というポストを蹴り、16年8月の内閣改造でも安倍から提示された農相ポストを拒んだ。近年の石破は「党内野党」として、安倍のやることなすことに異論を唱えていた。森友・加計問題の再調査を求める石破に、安倍は「あいつはどうしようもない。みんな同じ船に乗っているのに、後ろから鉄砲を撃ってどうするのかね」と忌々しげに語ったこともある。人を「さん」付けすることが多い安倍が、石破のことは呼び捨てしてはばからなかった。

麻生もまた、石破のことを忌み嫌っていた。衆院解散を目前にした09年7月、麻生内閣の農相だった石破は財務相の与謝野馨と結託して「麻生降ろし」に荷担した。石破は当時、「（沖縄に特攻する）戦艦大和には納得してから乗らないといけないのに、全く説明がない」と吹聴して回った。麻生は自らを支えるべき閣僚が起こした反乱を決して忘れなかった。

二階が動き出していた頃、安倍と麻生は目立たないよう、電話で連絡を取り合った。２人は全国一斉の党員投票を含む総裁選で岸田と石破が一騎打ちになれば、議員票で岸田が優位に立っても、石破が党員投票で逆転すると踏んだ。両院議員総会による選出の場合でも、石破が二階や菅と組めば、石破が勝つ可能性は残るとみた。安倍はどちらにせよ「1対1だと石破が岸田に勝つ」との懸念がぬぐえず、麻生に「岸田さんはちょっと厳しい」とささやいたという。

当の岸田は菅の出馬情報が駆け巡った30日、ホテルニューオータニで細田に支援を要請すると、その足でザ・キャピトルホテル東急に向かい、細田派に影響力を持つ元首相の森喜朗と面会した。

森は、岸田が麻生の支持がなければ総裁選を勝ち抜けないのに、麻生と不仲の古賀に頼ろうとしていることにあきれていた。その場で、1991年の宮沢内閣発足時の思い出話を持ち出した。当時、竹下派は三塚派《みつづか》（現細田派）を党三役から排除しようとした。竹下派で岩手出身の小沢一郎が、宮城を地盤とする三塚博と東北で勢力争いを繰り広げていたためだ。しかし、党内融和を優先した宮沢喜一は、三塚派の森を政調会長に起用した。森は、福岡で覇権を競いあった麻生と古賀の関係の難しさを岸田に言い聞かせた。「きみは麻生さんに頭を下げるべきだ。『菅首相』の流れができている中で、『人事は麻生さんに任せるから支援してくれ』ぐらい言わないと駄目なんだ。それが一縷の望みなんだ」。森の忠告に、岸田は「まだそんなこと言える時期じゃない」と、この期に及んでも煮え切らなかった。

森との面会を終えた岸田は、麻生の個人事務所に入った。麻生と一対一で向き合い、「誠心誠意、お願いします」と頭を下げた。「古賀切り」の覚悟をただした麻生に、岸田は色よい返事をしなかった。それでも支援を懇請する岸田を、麻生はこう言って突き放した。「麻生派として岸田をやってほしいのなら、安倍に『麻生さん、岸田を一緒にやろう』と言わせてみろ」。岸田は麻生の支持を取り付けるどころか、逆に重い宿題を背負わされることになった。

岸田はこの夜、「総裁選挙に向けて挑戦しようということで準備を進めています」と記者団に表明し、退路を断った。しかし、安倍はもはや、岸田に見切りを付けていた。「菅さんの流れができつつあるよね。いいんじゃないか。岸田さんの発信力が余りにもなかったのがなあ」。この日、周辺にそうつぶやいた。

「大本命・菅」へのトリガー

８月31日午前、岸田が首相執務室に入った。岸田は安倍に「総裁選に向けて準備を進めています。お力添えをお願いいたします」と頼み込んだ。すでに岸田を見限っていた安倍の返答はつれないものだった。「私が誰に投票するのか明らかにすることは立場上できない。清和会（細田派）はこれからだ」。20分余りの会談で、岸田には最後まで言質を与えなかった。

総裁のイスを手に入れる最後のチャンスは、岸田の手からこぼれ落ちていった。会談後、岸田は記者団に「改めてごあいさつしました。お力添えをお願いしました。んー、まあこれからということなんでしょう。うーん。以上です」と、さえない表情で語った。岸田はこの後、麻生に電話を入れ、安倍から後継指名を受けることはできなかったことを伝えた。その結果を見透かしていた麻生は、一気に動いた。麻生派幹部に派閥を菅支持でまとめるよう指示し、細田とも連絡を取り合った。

岸田は昼、竹下派会長の竹下亘を派閥事務所に訪ねた。岸田の支持要請に、竹下は「まだこれからだ。１日、２日かけて議論する」と答えをはぐらかした。竹下は細田、麻生両派に足並みをそろえる腹づもりだった。

「麻生派　菅氏支持へ」。読売新聞は31日の夕刊１面トップ（最終版）で、そう報じた。麻生派が菅を支持するということは、細田派も支持することを意味していた。

党内は雪崩を打つように、菅支持でまとまろうとしていた。この日、菅と1996年の衆院選で初当選した同期の有志が出馬を要請した。二階派の吉川貴盛、桜田義孝、平沢勝栄、麻生派の佐藤勉、棚橋泰文、無派閥の園田修光《しゅうこう》に加え、岸田派の竹本直一までもが議員会館の菅の事務所に顔を見せた。吉川らは「新型コロナ感染対策等々、国民の安全安心や国家の繁栄をしっかりとできるのは菅官房長官ただひとりだ。総裁選挙に立候補すべきで、有志一同は強く推薦をする」と菅の背中を押した。菅は「しっかりと受け止めさせていただきます」と応じた。

坂井学ら無派閥で「菅系」の衆院議員約15人も議員会館の菅事務所を訪れ、出馬を要請した。菅は「前向きに検討する。その覚悟だ」と応じた。そのうえで「自らが総理・総裁になるということは頭の片隅にもなかった。しかし今回、残念ながら任期を1年残して安倍総理が辞任するということになった。コロナに対する政策パッケージも発表した。これをしっかりと形にして行く責任があるのではないか。そういうことを寝ずに思い悩んだ」と心境を打ち明けた。

細田派は夜の幹部会で、菅支持の方針を確認した。細田は会合後、「安倍内閣からの継続性の意味で、期待できる人に総裁として頑張ってもらいたい」と記者団に語った。竹下派も菅支持で派内の取りまとめを進め、森山が所属する石原派は幹部会で菅支持を確認した。

岸田はこの日の午後に派閥事務所で開いた岸田派の総会で、「以前から次の総裁選挙、挑戦させていただきたい、こういった思いを申し上げてきました。その思いを、しっかりと持ち続け、ぶれることなく、しっかりと次の戦いに向けて準備を進めていきたい」と呼びかけた。若手から「けんかに弱いと言われる宏池会だが、今回は勝たなければいけない」と威勢の良いかけ声が上がる一方で、岸田の側近は「うちはもう討ち死にするしかない」と覚悟を決めた。

石破も焦りの色を深めていた。石破派のこの日の会合では、出馬を見送るべきだとする「撤退論」も出た。それでも、石破は「多くの思いを裏切ることがあってはならない」と引かなかった。

一気に大本命に躍り出た菅はこの夜、上機嫌だった。「自問自答しましたよね。結局、総理の体調ですよね。今も何で自分なんかがここにいるんだろうと思いますよね。田舎から出てきて。そもそも市会議員すら遠い存在だったんだから」と、しみじみ語った。

「菅カード」争奪戦

二階は9月1日の党役員連絡会で、「政治の空白・停滞は一刻も許されない。総裁の体調を考えれば、これまた一日も早く後継総裁を決めるということが必要である」と述べた。総裁選で全国一斉の党員投票を見送り、国会議員と各都道府県連の代表者による投票で選出することを提案し、了承された。

投票方法を正式決定する総務会では、若手議員らが全国一斉の党員投票を主張した。各派閥が菅支持を打ち出したことに、「派閥中心の密室政治」と批判が高まることを懸念し、「開かれた総裁選」を訴えた。これに対し、執行部は硬かった。党の公選規程によれば、党員投票の資格を持つ選挙人は総裁選の前年までに2年連続で党費を納入している必要があり、資格の有無を確定するのに時間がかかる。過去、総裁が任期途中に突然辞任した際、全国一斉の党員投票は行っていない。その代わり、都道府県連が独自の予備選を実施する場合、党本部が財政支援をすることになった。石破が「自民党は国民政党であり、国会議員だけのものではない」と批判しても、なすすべはなかった。

菅はぬかりなく支持固めを進めていた。都内のホテルで麻生と会談して協力を要請したのに続き、東京五輪・パラリンピック大会組織委員会会長の森喜朗の元を訪れた。竹下派は菅支持の方針を固め、党内7派閥のうち岸田、石破両派を除く5派閥がすべて菅につくことになった。5派に菅系の無派閥を単純に足せば290人を上回り、自民党国会議員394人の7割を優に超える数だった。

岸田は午後、出馬表明の記者会見を開いた。「大変厳しい道のりを感じているが、国民のため国家のため、私の全てをかけて、この戦いに臨んでいきたい」と語る岸田の顔に、高揚感はなかった。岸田は、格差問題に取り組むとして「分断から協調へ」というキャッチフレーズを打ち出した。石破は夕方、出馬表明の記者会見で「納得と共感」を掲げた。

自民党は2日、総裁選の日程を8日告示、14日投開票と正式決定した。安倍は2日午前、官邸で菅に「今までの経験を生かしてくれると大いに期待しています」と声をかけた。

菅は2日夕、満を持して出馬表明の記者会見に臨んだ。会場となった衆院第2議員会館の会議室には、約200人の報道陣が詰めかけた。あまりの盛況ぶりに、新型コロナ対策で空ける予定だった座席も使うことになった。

会場に姿を現した菅は、ペットボトルからコップに注いだ水を飲んで喉を湿らせると、こう切り出した。「7年8か月にわたり内閣官房長官として総理のもとで、この国の未来を左右する重要な課題に取り組んでまいりました。今年に入ってからは、新型コロナウイルス感染症の拡大というかつてない事態に直面する中で、感染拡大と医療崩壊を防ぎ、同時に社会経済活動を再開していくという課題に真正面から取り組んでまいりました」

手元の原稿に時折目を落としながら、決意表明を続けた。「この国難にあって政治の空白は決して許されません。すべての国民の皆さんが安心できる生活を1日も早く取り戻すために、今なすべきことは何か熟慮をしてまいりました。そして私は、自由民主党総裁選挙に立候補する決意をいたしました。安倍総裁が全身全霊を傾けて進めて来られた取り組みをしっかり継承し、さらに前に進めるために、私の持てる力をすべて尽くす覚悟であります」

菅は自らの来歴を語り始め、「地縁も血縁もないところから、まさにゼロからのスタートでありました」と振り返った。

「世の中には、数多くの当たり前でないことが残っております。それを見逃さず、国民生活を豊かにし、この国がさらに力強く成長するためにいかなる改革が必要なのか、求められているのか。そのことを常に考えてまいりました」と述べ、具体例として洪水対策のためのダムの水量調整や、携帯電話料金の引き下げを挙げた。

40分余りの記者会見では、コロナ対策に加え、改憲や拉致問題など安倍がやり残した課題の継承を繰り返した。独自色を出せるかどうか問われると、「コロナ対策を全力で尽くしてやりとげる。同時に、自らの考えを示しながら実現していきたい。それは必ずできる」と自信を見せた。

菅の記者会見が終わる頃、衆院第1議員会館で細田、麻生、竹下の3派領袖による記者会見が始まっていた。3人の真ん中に座った細田は「菅氏が安倍内閣の業務を引き継ぎ、リーダーになってもらうことが最善ではないか」と菅支持を表明した。麻生も「これだけ支持がある政策をきちっと継続していただける方がよろしいのではないか」と安倍路線の継承に期待をかけた。

主要派閥の領袖がそろって記者会見し、総裁選対応で結束を示すのは異例のことだ。その場に、菅支持をいち早く打ち出した二階の姿はなかった。菅を総裁に押し上げるのは二階派ではなく、麻生派を含む3派の力だと誇示するためだった。菅内閣の誕生を見越し、すでに派閥間のつばぜり合いが本格化していた。二階派会長代行の河村建夫は会見前、麻生に「菅さんを支援する気持ちは同じだから、一緒にやるべきではないか。すでに菅さんを応援する中で主導権争いをやっているのではないかという余計な臆測を呼んでもおかしい」と苦言を呈した。

二階派も負けてはいなかった。2日、河村らが議員会館に菅を訪ね、派閥所属議員の署名が入った立候補要請書を手渡した。二階は周辺に「総裁選でうちが責任を持つということだ」と自信たっぷりに語った。せっかく手中に入れた「菅カード」を他派閥に渡すつもりはさらさらなかった。

読売新聞は5日の朝刊1面トップで菅が議員票の7割を固めたと報じた。衆参両院の議長を除く党所属国会議員394人のうち、96％にあたる378人の意向を聞き取りなどで確認した。議員票の7割だけで、都道府県連票を含めた全535票の過半数を上回っていた。勝負は8日の告示前に事実上、決していた。

総裁選では、菅の故郷である秋田を除く46都道府県連が独自の党員投票やアンケートによる予備選を行うことになった。菅陣営は地方でも得票を伸ばし、「安倍後継」としての地位を確たるものにしたい考えだった。

菅は官房長官の職務があって地方に出向きづらかったため、ウェブ会議で党の地方組織との対話に乗り出した。4日には第1弾として、新潟県連幹部を相手に「農家の長男で農家の血が脈々と流れている。苦労して作られたものが所得につながるように国としても環境を作っていきたい」とパソコンの画面越しに語りかけた。地方出身をアピールする菅は「自然体でも勝つ」と自信を深めていた。

4~6日に読売新聞社が実施した全国世論調査で、菅は46%でトップに立った。石破は33%、岸田は9%だった。自民支持層に限ると、菅は63%に跳ね上がり、石破は22%、岸田は8%だった。読売は19年9月から20年8月までの調査で、次の首相にふさわしいと思う自民党議員を選んでもらう質問を計8回行っていた。その中で、菅は19年9月に8%を記録した後は、おおむね3~5%で推移していた。菅が今回、トップに躍り出たのは、安倍路線の継承を掲げる点が評価されたようだ。

菅は6日、読売新聞社のインタビューで、世論調査結果について「国民が新型コロナウイルス対応、経済対策をしっかりやってくれる人を求めているということだ」と語った。安倍も菅の支持が広がっていることに満足げだった。「石破は地方で人気が高いと言われていたけど、菅ちゃんは本物の農家だから、それには負けるよね。石破も結局、知事の息子で、東京育ちなんだから」と漏らした。

転換か、継承か

総裁選は9月8日、告示された。届け出に先立ち、菅はホテルニューオータニで出陣式に出席した。支持する5派閥の幹部が顔をそろえ、270人を超える国会議員が詰めかけた。あいさつに立った菅は「コロナ対策、経済対策に携わった者が出馬して、この国難を解決しなければならない」と語り、満場の拍手を浴びた。

菅、岸田、石破の3人は午後、党本部で所見発表演説会に臨んだ。論戦では「安倍路線」が争点となった。トップバッターの石破は「『納得と共感』の政治をやりたい。そして、成し遂げたいのはグレートリセット。もう一度、この国の設計図を書き換えていく」と路線転換を訴えた。菅は「安倍総理が進めてきた取り組みをしっかり継承し、さらに前に進めたい」とこれまでの立場を繰り返した。安倍の支持取り付けに失敗した岸田は「格差問題は政治の立場から真剣に向きあわなければいけない課題として浮かび上がってきている。成長の果実の分配、税制等における分配についても考えなければいけない」と修正を唱えた。

演説では、菅が手元の紙に頼りがちだったのに対し、石破はよどみなく持論を訴え、岸田も紙を見ることはなかった。岸田は総裁選に出馬表明してからは自分の言葉で話すようになり、評価を上げていた。麻生は「これまでの岸田の演説で一番よかったんじゃないか。どうしてこの表情と演説がもっと早くできなかったかね」とこぼした。

菅はテレビ番組などで不用意な発言が目立った。8日夜のTBS番組で、石破に憲法9条改正への認識を突っ込まれると「自衛隊の立ち位置が憲法の中で否定をされている」と口を滑らせ、9日の記者会見で「若干言葉足らずだった」と釈明した。10日夜のテレビ東京の番組では、将来的な消費税率引き上げに賛成を示す「○」を掲げた。岸田、石破は「△」だった。菅の発言は波紋を広げ、11日の記者会見で「少子高齢化が進む中、将来的な話として答えた。あくまでも10年先を念頭に置いた話だ」とあわてて打ち消した。

12日には、論戦の山場となる公開討論会が東京・内幸町の日本記者クラブで開かれた。菅はこれまでの失敗のせいか、時折メモを確認しながら、安全運転に徹した。冒頭発言で「縦割り行政、そして前例主義、さらには既得権益を打破し、規制改革を進め、国民の皆さんに信頼される社会を作っていく」と意欲を示した。

菅がムキになる場面もあった。読売新聞特別編集委員の橋本五郎が「菅さんは外交が未知数という指摘に、自分はずっと首脳会談に同席していたんだと。ただ、同席するってことと相手のトップと交渉するのは違う」と指摘すると、「同席をしてたから何もやってないというようなことはない）。電話会談に同席するということは、事前にどういう話をするとか、どういう政策を提案するとか、そうしたことをすべて事前に相談を受けている中で、電話会談に出席しています」と色をなした。

総裁選の関心は早くも、今後の政治日程や総裁選後の人事に移っていた。党内では、新首相誕生の勢いに乗った早期の衆院解散・総選挙に期待が高まりつつあった。菅は討論会で「（国民には）コロナ対策をやってほしい、経済を再生してほしいという思いが非常に強い」と慎重な見方を示した。二階の幹事長留任について話題を振られると、「総裁に選ばれた後の判断だろう」と言葉を濁した。討論会の翌13日夜、菅は二階側近の林に「総裁選で選ばれたら、幹事長を引き続きよろしくお願いしたい」と二階への伝言を託した。

勝者を待つ試練

総裁選当日の9月14日、菅はいつも通り午前5時頃に起床した。両院議員総会での演説原稿に目を通した後、日課の散歩に出かけた。議員会館に着くと記者団の取材に応じ、現在の心境について「平常心ですよね」と述べた。「地方票はなかなか簡単じゃないだろうと思っていましたけど、投票状況を見ていると、私自身が秋田県で高校まで育ったと、地方のことをよく知っているんだと、地方に理解があるだろうと。地方にも私の想像以上に理解をしていただいてきている」と手応えを語った。

昼までに約40の都道府県連で予備選の開票結果が判明した。すでに菅の得票は80票に達し、141票の過半数を確保していた。圧勝は確実だった。午後1時、グランドプリンスホテル新高輪で、菅の決起集会が開かれた。菅はあいさつで「勝利は目前だ。秋田から出てきて、地縁も血縁もない中で政治の世界に飛び込んで、ゼロからのスタートでも日本では総理大臣になれる、こうしたことを実証したい」と声を張り上げた。

総裁選を行う両院議員総会は同じホテルで午後2時から開かれた。午後3時21分、総裁選挙管理委員長の野田毅《たけし》が結果を発表した。「石破茂くん、68票。菅義偉くん、377票。岸田文雄くん、89票であります。菅義偉くんを当選者と決定いたしました」。菅が自民党第26代総裁に選出された瞬間だった。菅は自席から立ち上がり、周囲に向かって4回お辞儀すると、マスクを左手に持ったまま両手を上げ、拍手に応えた。

この後、安倍が退任あいさつに立った。「まずはじめに、安倍政権に大変なご協力を頂きながら、任期途中の辞任となりましたことを、皆様に心よりおわび申し上げます」と謝罪の言葉から始めた。重責から解放されるせいか、持病で辞任表明したとは思えないほど、声には張りがあった。「本日、自民党総裁のバトンを菅義偉新総裁に渡します。この7年8か月、官房長官として、国のためにそして人のために、黙々と汗を流してきた菅さんの姿を私はずっと見てまいりました。この人なら間違いない。この思いを皆さんと今日、一つにできたのではないかと思います。令和時代に最もふさわしい自民党の新総裁ではないでしょうか」と賛辞を送ると、菅は立ち上がって一礼した。去りゆく安倍のあいさつは5分間にわたった。

続いて壇上に立った菅は安倍への謝意を述べ、「是非皆さんと一緒に、万雷の拍手を安倍総理にお願いを申し上げます」と呼びかけた。起立した出席者は約20秒間にわたり、安倍に拍手を送った。今度は安倍が立ち上がって、頭を下げた。菅は「安倍総理が進めてきた取り組みを継承し、進めていかなければなりません。私にはその使命がある」と決意を述べ、「総裁選挙が終わった今、会場のすべての皆さん、そして全国の党員党友の皆さん、自民党の旗の下に一致団結をして、この日本の国を前に進めようじゃありませんか」と力強く語った。菅の表情は晴れ晴れとしていた。「私は秋田の農家の長男として生まれました。地縁も血縁もない政治の世界に飛び込んで、まさにゼロからのスタートでありました。その私が、歴史と伝統のある自由民主党の総裁に就任することができました。私自身のすべてを傾注してこの日本のために、そして国民のために働くことをお誓いをして、私のあいさつとさせていただきます」と締めくくった。

国会議員票（393票）の内訳は、菅が288票、岸田が79票、石破が26票で、元環境相の山本公一が入院療養中のため棄権した。地方票は菅89票、岸田10票、石破42票だった。2位争いは岸田が21票差をつけて制した。岸田の国会議員票は岸田派（47人）と谷垣グループの一部などを加えた55票程度が基礎票とみられていた。予想以上の積み上げとなったのは、安倍の意を受けた議員が岸田に投票したためとの見方がもっぱらだった。2位に食い込んだ岸田陣営の結果報告会は、大盛り上がりを見せた。岸田は万雷の拍手で迎えられ、「きょうから総理総裁を目指して次の歩みを進めて行きたい」と意気軒高だった。副選対本部長を務めた山本幸三が「これから我々は改めて一人の落ちこぼれもなく、今回示したように、一致結束して、（菅の）失敗を待ちながら、必ず血路を開いてくる」と口を滑らせる場面もあった。

最下位に終わった石破陣営は頼みの地方票も伸び悩み、落胆が広がった。石破は21年秋の総裁選への対応を問われると、「来年のことは、まだ終わったばかりで言えないでしょ」と慎重に言葉を選んだ。

総裁から退き、肩の荷が下りた安倍はこの夜、上機嫌だった。「いい結果だったと思うよ。岸田さんもよかったよね。同情票だね。自民党は最後はバランスが働くんだよ」と解説してみせた。石破のことは「議員票が26人って、普通は泡沫の数字だよ」と容赦なかった。

新総裁に就いた菅は公明党へのあいさつや新総裁記者会見、二階との面会、ＮＨＫ番組への出演などを済ませ、深夜、赤坂宿舎に戻った。総裁選の結果について周囲に問われると、「強かったよね」。菅にしては珍しく、自慢げに顔をほころばせた。

たたき上げの政治家が、ついに権力の頂点にのぼりつめた瞬間だった。

おわりに

本書を執筆するために取材した首相官邸幹部の一人から、こんな言葉を聞いた。「官邸には権力や、権力を求める人間が発する独特の匂いがある」。この幹部によれば、官邸内でも首相補佐官らが詰める4階と、首相や官房長官が執務する5階では、また空気が違う。「息苦しささえ感じる」という5階には、権力の匂いがより濃厚に立ちこめているのだろう。本書は、その官邸を舞台とした人間模様を追ったドキュメントである。

安倍は歴代最長となる約7年8か月もの連続在職日数を誇った。在任中の業績には目を見張るものがある。集団的自衛権の限定行使を可能にする憲法解釈の変更や、二度にわたる消費税率引き上げだけでも、戦後日本政治史の画期をなす。

安倍内閣にはそれまでの内閣に見られない特徴があった。第2次内閣以降の支持率を年代別に見ると、若年層が高齢層より高い。それまでの内閣はふつう、高齢層の支持率が最も高かった。若年層が最高となったのは安倍が初めてだ。これには、民主党政権の失敗による「野党多弱」の政治状況だけでなく、アベノミクスの成功という経済状況も大いに寄与したとみられる。安倍の下で失業率は低水準を保ち、就職戦線は空前の売り手市場が続いた。変化を好むはずの若者は、安倍のもたらした安定を歓迎した。

だが、新型コロナウイルスは安倍を取り巻く環境を一変させた。リーマン・ショック以来の不況はアベノミクスの恩恵を吹き飛ばし、長引く感染拡大に人々は不満を募らせた。その矛先を向けられた安倍は持病の潰瘍性大腸炎を再発させ、退陣のやむなきに至った。新型コロナという病が、安倍自身の病と不運にも共鳴してしまった結果だ。

「安倍1強」を誇った長期政権の命脈が尽きた理由はそれだけではない。安倍は森友問題・加計問題、「桜を見る会」を巡る問題で野党の執拗な追及にさらされた。ストレスが大敵とされる持病に打撃となったのは間違いない。政権が長引くにつれ、いつしか心のうちに住み着いた「緩み」や「おごり」も安倍の政治生命を縮めた病巣といえる。

新たに官邸の主となった菅は首相に就いた後も、民間人らとの面会を重ねて政策の参考にする政治スタイルをかたくなに守っている。安倍は政権末期、新型コロナで人と会いづらくなり、与党や世間の空気が官邸に伝わってこないことに焦りの色を深めていた。官邸にこもり、民意をつかみそこねる怖さは、安倍をそばで見てきた菅が一番よく分かっているはずだ。

首相交代をきっかけに、官邸のありようは変わりそうだ。これまでの官邸主導は、安倍と菅によるコンビが支えてきたことは本書で詳述した通りである。安倍がいみじくも語ったように、「菅総理には菅官房長官がいない」。それは、安倍にとっての菅のような名補佐役が見当たらない現実を意味するにとどまらない。

議員秘書からたたき上げた菅は実務を旨とし、関心の対象は常に個別の政策に向けられている。まるで、菅が官房長官を兼務しているかのようだ。実際のところ、本人も「官房長官は自分でできる」と豪語しているという。「このままだと、加藤官房長官のやる仕事がなくなってしまう」。官邸関係者からはそんな声も漏れてくる。首相には国民目線に立った「虫の目」だけでなく、大所高所から政治を俯瞰する「鳥の目」を備え、これからの国のあるべき姿に思いをはせる時間も必要ではないか。

菅内閣の「生みの親」となった自民党幹事長の二階の発言力は一層強まっている。かつては「政高党低」をほしいままにした官邸と与党との関係も今後、さらなる変質を迫られるだろう。そんな中、衆院議員の任期満了を控え、解散・総選挙は21年10月までに必ず行われる。菅官邸が本格政権への道を開くには、政局の潮流を読んで解散時期を見極める「魚の目」こそが問われる。

本書は政治部の川上修、芳村健次、今井隆、白石洋一が執筆に当たった。現場で日々取材を重ねる記者が心血を注いで拾い上げた情報を活用した。全体の監修は川上が担当した。末筆ながら、新潮社の堀口晴正の心温まる激励と多大な貢献に心より御礼申し上げる。

なお、本文中の年齢、肩書等は原則として取材当時のものとし、敬称は省略した。

令和2年（2020年）12月

読売新聞東京本社政治部次長
川上修

喧嘩《けんか》の流儀《りゅうぎ》　菅義偉《すがよしひで》、知《し》られざる履歴書《りれきしょ》

著　者　読売新聞政治部《よみうりしんぶんせいじぶ》

発　行　2020年12月15日

発行者　佐藤隆信

発行所　株式会社新潮社　郵便番号162-8711
東京都新宿区矢来町71
電話　編集部(03)3266-5611
読者係(03)3266-5111
https://www.shinchosha.co.jp

印刷所　株式会社光邦

製本所　株式会社大進堂

乱丁・落丁本は、ご面倒ですが小社読者係宛お送り下さい。送料小社負担にてお取替えいたします。

ISBN978-4-10-339019-0　C0095

価格はカバーに表示してあります。